文史哲學集成

喬衍琯著

宋代書目考

文史哲出版社印行

宋代書目考 / 喬衍琯著. -- 初版. --臺北市：
文史哲, 民 97.08 印刷
頁： 公分.（文史哲學集成；168）
參考書目：頁
ISBN 978-957-547-374-7 (平裝)

1.目錄學 - 宋(960-1279) - 考評

010.5

文史哲學集成 168

宋代書目考

著者：喬衍琯
出版者：文史哲出版社
http://www.lapen.com.tw
e-mail：lapen@ms74.hinet.net
登記證字號：行政院新聞局版臺業字五三三七號
發行人：彭正雄
發行所：文史哲出版社
印刷者：文史哲出版社
臺北市羅斯福路一段七十二巷四號
郵政劃撥帳號：一六一八〇一七五
電話886-2-23511028 · 傳真886-2-23965656
實價新臺幣三〇〇元
中華民國七十六年（1987）四月初版
中華民國九十七年（2008）八月 BOD 初版修訂

ISBN 978-957-547-374-7

宋代書目考　目次

緒　言

宋代所編書目，文獻可考的將近百種，實際上應當數倍於此，然今多已亡佚，而有傳本或輯本的，也近四十種。這些資料或單行，或收入叢書，或自一書中裁出，而都有資考證，爲圖書文獻、學術研究上重要材料。因而從宋代以來便賡續不斷加以整理、考訂。在以書目爲研究對象的目錄學上，爲其他朝代所不能比。探討其原因，約有數端。

一、宋代武功不競，而學術昌明。中國學術有漢學、宋學之分，程張朱陸諸子所倡的理學，影響到元明以至現代。經學不泥古而富創見，且能綜合前人成就。史學人才輩出，著述之豐超越古今，且創紀事本末體，與紀傳編年鼎足而三。唐宋八大家，宋人居六，詞爲宋文學代表，戲曲小說盛於元明源於宋。學術發達，則勢須一番辨章學術、考鏡源流的工夫，目錄學自然也發達。學術發達影響目錄學，目錄學昌盛也推動學術研究。二者可說互爲因果。

二、古代圖籍流傳靠書寫，印刷術雖已行於唐、五代，宋代始大量印書，抄寫書籍固需校勘，但所下功夫有限。至於印刷，因大量生產，可以投入較大人力物力，和較長時間去校勘。不僅官府，連私人甚至書坊刋書，皆頗費功夫校勘，而校勘是編好書目的基礎。校勘又是讀書法，如朱熹爲理學家，他校過韓昌黎集，經籍考、僞書通考等多引其說。至曾鞏校書，各撰敍錄。余靖等讎對三史，悉取三館諸本相參校。岳氏刋行九經三傳，所據異本到數十種，更是專門從事校勘。校勘家就所校書寫成序跋，最可據以瞭解書的內容大略，洞悉學術流變。

三、大量印刷之後，求書容易，藏書家比五代以前要多得多，而大藏書家每以十萬卷計。藏書多則須編好書目去統紀。帝王公卿，以至釋道隱逸，每有以藏書稱著。所以宋人書目編得多，因之宋代流傳下來的目錄學資料獨多，可供充分研究取資。

四、宋人不僅編圖書目錄，連金石、書畫、花卉、蟲魚、茶酒、器物等皆編了很多目錄，四庫總目譜錄類所收宋人著述，計著錄三十六部，佔三分之二，另有存目十一部。廣義上說，宋代的目錄學不僅限於書目，圖書目錄僅爲其中之一部分。其他目錄和圖書目錄相互間自有影響。

宋代書目在中國圖書文獻上又具承先啓後的地位，還有一重意義。近代雖然發現了不少殷墟書契、商周吉金、漢晉石刻和簡牘，隋唐寫本。但比起圖書，數量很有限。今天所可看到的圖書，絕大多數經過宋人之手。大體上，漢、隋、唐等史志所記以至未收而今有的，多著錄於宋志。而今有傳本五代以前的著述，多宋人所遺。經宋人整理、編訂、箋注、校勘、刋印。原作如曾經宋人改易，後人便無從窺其原貌。如羣經注疏，原是分別單行，經過宋人合刻，便大事增删改易。

史記三家注合刻卷，把索隱、正義和集解相同處予以刪減，今所見完整的索隱，是毛晉汲古閣據宋單行本傳刻的。正義便沒有足本了。日本瀧川資言會注考證據鈔本正義所補，即使可信，也不一定是完璧了。

世說新語注，經晏殊刪節。如今找不到足本。

文選經宋人把五臣注合李善注爲六臣注，五臣注也因此難窺全貌。

所以清人刻古書雖一切依據宋本，或據宋本校勘，也不免令人發生宋人刻書而書亡之歎。宋人把對當代或前代著述整理、編訂、箋注、校勘、刊印等情形，記載在書目、文集或筆記中。仍有傳本固是考證的材料，如果不傳，便祇有依據這些材料去瞭解前代著述。關於這方面的材料，五代以前不是沒有傳下來的，而是遠不如宋代豐富。如果書經過宋人改動，那五代以前所記，和今天所見，便有出入。

焦竑國史志附錄糾繆，正歷代史志等類例之失，其中有宋志、崇文總目、藝文略、晁志、經籍考等。四庫總目著錄崇文總目等六種宋代書目，各有提要評介之外，又常引用做考訂其他各書時參考，且每論其得失。其他文集、筆記，以至各書序跋，時有涉及宋代書目。明清以來，藏書家佞宋成風，所撰書志題識，固然重在板本，而板本研究實爲書目中一項。且對宋代書目類例序次，著錄得失，加以探討或有專著，或散見其他論述。筆者鑑於宋代書目的重要性，二十年來所撰序跋論著計二十多篇。每當發現新材料、新論證，而對昔日失誤感到愧疚，因加以整理，彙成一編，既可糾正前失，且便於就正博雅。

我國書目以史志爲主幹，而史志取材於官錄。漢初張良序次兵法，後來楊僕奏紀兵錄，且在劉氏向歆父子別錄七略之前。私家收藏固難比秘府，而各有所重。尤其變亂之後，常賴私藏以補中秘空虛。宋晁公武、陳振孫兩目，尤爲書目中雙璧。今所考三十六種，各書卷帙多少，內容豐嗇，傳本完缺不一，所以篇幅長短懸殊。如他人所論已多，而無新意可言，則略記其綱目，或竟從略。常見每考一書目，即列表比較各家類目，述其間增省情形，其實姚名達目錄學史校讎篇與四部分類源流表足以盡其異同。今僅論鄭樵三級類目得失。農家類自漢志到近代，皆在子部，然類名未改，內容全非。四庫總目以別史類創自書錄解題，今考知館閣書目已有，陳振孫實有所本。論體例則強調宋代書目多有各類小序，每記板本。而不僅崇文總目有小序殘存，尤目僅於正經正史記公使庫本。

宋代書目亡佚者多，今所考以今有傳本或輯本爲限，因筆者對佚書所知，多爲各家所已詳。又今存宋代佛道書目近十種，少有在體例或分類上有獨特可以取法之處，如梁啓超所論六朝佛家經錄。筆者對佛典所知甚少，今僅節畧成說，附於學科書目，容俟他日詳考。馬端臨經籍考，王應麟玉海，成書雖入元，然俱記宋代經籍。端臨晚於應麟三十年，而通考常與通志並稱，都是史書。玉海則係類書，因置經籍考後，又可與漢志考證相接。漢志考證仍多用宋人論說。新唐志則全載唐人著述，然成於歐陽修，因附於後。方志藝文志僅記一地經籍，置於末。所以都未按時代爲序。是否有當，並請博雅教正。

第一章 官錄

宋代多次校書，且藏書場所，除包含昭文、集賢、史館等三館六庫的崇文院外，僅據宋史職官志二，又有龍圖閣、天章閣、寶文閣、顯謨閣、徽猷閣、敷文閣、煥章閣、華文閣、寶謨閣、寶章閣、顯文閣、秘閣等。另有清心殿、太清樓、玉宸殿、國子監等，玉海藝文卷五十二，專記書目，兼及藏書。所藏雖多御製、宸翰，也有四部書籍。且每有書目，又常加修訂，取臣庶家所藏參考。（注一）皇帝和臣工不時到館閣觀書，親執書目查核。（注二）所以宋代官錄種數特多，一書常是幾十卷。可惜多已亡佚，僅有幾種輯本：崇文總目、闕書目三種、中興館閣書目、續書目。而今存的史志以及私家藏目，多依據或採用官錄，所以有些部分可說名亡而實未全亡。

第一節 崇文總目

宋志：王堯臣歐陽修崇文總目六十六卷。

宋太宗時建崇文院，分昭文、集賢、史館等六庫，有正副本八萬卷。眞宗時受榮王宮火波及，僅存的移到崇文外院，經補寫徵集。仁宗時新作崇文院，分藏羣書，倣開元四部錄，約國史藝文志，慶曆元年（一〇四一）王堯臣等上崇文總目，有書三萬六百六十九卷，歐陽修等參與撰集。

壹　撰　人

王堯臣字伯庸，應天府虞城人。天聖五年進士，累擢知制誥，翰林學士，歷樞密副使、參知政事。嘉祐三年（一〇五八）卒，年五十六。諡文安，改諡文忠。有文集不傳，宋史卷二九二有傳。

歐陽修，字永叔，自號醉翁，又號六一居士。廬陵人。舉進士，慶曆初知諫院，論事切直。知制誥，出知滁州，嘉祐間參知政事，熙寧初與王安石不合，以太子少師致仕。熙寧五年（一〇七二）卒，年六十六，宋史卷三一九有傳。

修博極羣書，以文章冠天下，所著甚富，編爲歐陽文忠公全集。又嘗參與修撰新唐書、五代史記和崇文總目，新唐書負責志、傳部分。又有家藏歐陽參政書目一卷，早佚。然集中有序跋，又崇文總目敍釋各若干篇。

貳　卷數和傳本

各家記崇文總目多作六十六卷，然玉海引國史志有敍錄一卷，皇朝事實類苑倂作六十七卷，晁志作六十四卷，李燾長編、麟臺故事、玉海均作六十卷，陸心源藏本六十二卷。或諸家不見原書，所記各異。或有闕卷，各據所見著錄。

晁志又載有一卷本簡目，陳錄未見原書，只有一卷本。好像原書南宋末年已佚。可是馬考、玉海、困學記聞、三家詩考、漢藝文志考證，以及宋志，成書都在陳振孫之後，仍能引用崇文總目。足見原書在宋元之間還存有殘帙。清修四庫全書，從永樂大典所輯得的，不出通考所引之外，似是明初已不見原本。清朱彝尊曝書亭集有跋，認爲紹興中用鄭樵校讎略泛釋無用論，删去敍釋。錢大昕據續宋會要「紹興十二年（一一四二）十二月，權發遣盱眙軍向子堅言：乞下本省，以唐藝文志崇文總目所闕之書，注闕字於其下，付諸州軍照應搜訪。」(注三) 所以今傳天一閣鈔一卷本，各書下常注闕字，正是紹興中所頒下諸州軍搜訪之本。

南宋時兩本並行，入元而原本亡佚。可是清代的書目中，還見到一些六十多卷的本子。不過清代崇文總目都出於范氏天一閣的舊鈔本，最初傳鈔的是朱彝尊，其曝書亭集中跋文說：六十六卷本求之四十年而不獲，展轉得范氏本，則有目無釋。錢東垣所據的天一閣舊鈔本，也僅存簡目。陸心源和靜嘉堂的藏本，都明題「竹垞舊藏」。孝慈堂、善本書室、江南圖書館的藏本，都祇有一册，也足見不是六十多卷的原本。這是因爲一卷本仍依原本分六十六卷的緣故。

然結一廬書目所載崇文總目六十六卷，下注：「共十本、明鈔本，每條均有解題，千頃堂藏書。」可是從黃居中父子及當時的藏書家和績學之士如錢謙益、朱彝尊、黃宗羲、王士禎等，都常相往返，傳鈔或借閱彼此的藏書。經義考所引崇文總目，不出歐陽全集和通考所載。而此後到朱學勤時百餘年間，

是目錄學正盛的時期，却不見有人提到或傳鈔刊行。又葉德輝所刊行的結一廬書目，則不列這一原本崇文總目，都令人費解。（注四）

原本既已不傳，四庫全書從永樂大典中輯出，分爲十二卷。提要說「蒐輯排比，尙可得十之三四。……今觀其書，載籍浩繁，牴牾誠所難保。然數千年著作之目，總滙於斯，百世之下，藉以驗存佚，辨眞贋，核同異，固不失爲册府之驪淵，藝林之玉府也。」錢氏輯釋本附錄四庫簡明目錄後錢侗按語說：「是書編類悉依天一閣所鈔紹興改定本，歐陽公集、文獻通考所載敍釋，並採附諸書之後。餘如永樂大典所引各書，亦取證一二，凡原敍二十七篇，原釋二百一十七條，引證二十一條。」

嘉慶初，距四庫全書修成不過十幾年，錢東垣等重輯，四年（一七九九）錢侗撰小引說：

> 以今觀之，歐陽集一百三卷，具錄經史子三部原敍。文獻通考多半採總目之文，獨集部全未稱引，子部又加略耳。餘如玉海各類，其述崇文目尤多。而歐陽全集、南豐文集……暨宋元人叢書敍跋、間一及之，皆足以資考訂。
>
> 總得原敍三十篇、原釋九百八十條，引證四百二十條。或原釋無從考見，乃爲博稽史志，補釋撰人。其中標卷參差，稱名錯雜，以暨闕漏之字，譌舛之文，傳諸來玆，易滋疑義。間爲一二商榷語。
>
> 有羣書所引而今無其目者，侗又別爲補遺，附著卷後，凡閱半載而事竣，命曰輯釋，釐卷以五。經部爲伯兄輯、史部爲仲兄輯、子部下爲秬和輯、集部爲照若輯，其子部之上，則侗所輯也。

其中伯兄名東垣、仲兄名繹。秬和名金錫鬯，錢侗姊丈。照若名秦鑒。六人分工合作，可說是家庭作業，實是目錄學上佳話。以錢輯本和四庫本做一比較：

	四庫本	錢輯本	增加
原敍	二七篇	三〇篇	九分之一
原釋	二一七條	九八〇條	四倍半强
引證	二一條	四二〇條	二十倍

可見錢東垣等用力之勤。梁啓超說：「錢輯所採佚文既加增，考證亦更精審。倘朱氏結一廬本不足信或已佚者，則錢輯固當爲此書第一善本矣。」（注五）

錢輯本傳本很多，計有

清嘉慶四年嘉定秦鑑刻汗筠齋叢書本（後改名蘭芬齋叢書）

清咸豐三年南海伍崇曜刻粵雅堂叢書本

商務印書館編印叢書集成，和國學基本叢書、萬有文庫，以及藝文印書館、新文豐出版社新編的叢書集成，廣文書局編印書目續編，所收崇文總目，都據粵雅堂本重印。

清光緒八年常熟鮑廷爵刻後知不足齋叢書本

至於四庫本，近年商務印書館收入四庫珍本別輯。又印全書，收入史部目錄類。

叁　錢輯本的缺失

錢東垣等所輯崇文總目之善，已詳見上節。然趙士煒撰中興館目書目輯考，自序稱錢本「採集益廣，所得尤多。雖偶有舛譌，無妨大體。」又有宋國史藝文志輯本，自序說：「崇文總目雖有輯本，惜考覈不精，重加校訂。」這是因爲崇文總目引用館閣書目和國史志較多。惜趙氏未能也對崇文總目詳加輯考。又四庫輯本雖引證不多，然錢輯本頗加利用而未言明。兩輯本不僅有文字上異同，後半編次出入更多，筆者曾撰有兩本勘異。陳漢章撰有錢輯本補正四卷，收入綴學堂叢稿初集，民國二十五年印行，而流行不廣。如能合爲一編，則更便檢查。

肆　後人的利用和批評

崇文總目成書早而單行，爲兩朝國史藝文志所本。宋人如鄭樵、晁公武、趙希弁、陳振孫等各家書目，無不多所引用，甚至未見著錄各書，也常查核，馬端臨採錄更多。後雖亡佚，清朱彝尊及四庫提要引據也多。輯本既出，姚振宗考證隋志，張心澂撰僞書通考，採用更便。

惟余嘉錫四庫提要辨證，仍據馬考、玉海等轉引，固然慎重，也見輯本不可全信。又每訂正其錯誤。如崇文目云鄧析子戰國時人，余氏考漢志與子產同時，非戰國時人。又崇文目云賈子九卷，隋唐志皆九卷，今別本或爲十卷。提要云隋唐志皆作十卷，蓋校刊者未見崇文總目，反據今本追改。余氏按：

舊唐書明代不甚行，故不爲所改，與崇文總目同。又如淮南子、周易林所引崇文總目敍釋，爲錢本失引，可據以補入。

錢本也有精審處，如春秋繁露自歐陽修集引跋文，所論較詳，足資考證。而如四庫提要及辨證都未能採用。

〔附　注〕

注一　玉海卷五十二咸平館閣圖籍目錄：上謂輔臣曰：國家搜訪圖書，其數漸廣，臣庶家有聚書者，皆令借目錄參校內府館閣所有，缺者借本補寫，所得甚多。今按：由此又可見當時私家書目之多，必遠過於文獻可以考見。

注二　玉海卷五十二景德太清樓四部書目：登太清樓觀新寫四部羣書，上親執目錄，令黃門舉其書示之。

注三　見潛研堂文集卷十二。

注四　參考梁啓超圖書大辭典簿錄之部。

注五　同注四。

第二節　求闕書目三種

高麗史卷十：館伴書所求書目錄。

陳錄：秘書省四庫闕書目一卷，紹興改定，其闕者注闕字於逐書之下。徐松從永樂大典輯四庫闕書一卷，並略加增訂。

江蘇省立國學圖書館總目：秘書省續編到四庫闕書目二卷。係丁氏善本書室舊藏鈔本。書名不甚可解，就字面說當係前書續編。

宋代注重求書，玉海卷五十二引中興書目有嘉祐六年（一〇六一）有求書詔，搜訪闕書目一卷，已佚。崇文總目一卷簡本，也是求闕書目。

高麗史卷十宣宗八年（宋哲宗元祐六年，一〇九一）：李資義等還自宋，奏云：帝聞我國書籍多好本，命館伴書所求書目錄授之。乃曰：雖有卷第不足者，亦須傳寫附來。百篇尙書、荀爽周易十卷……集林十卷、計然子十五卷。共計一百二十五種，如加考證，足成一卷。惜訪求結果，史書未載。

徐松輯四庫闕書序略云：其書散見永樂大典，曩時校書，錄得副帙，初無義例，雜亂參差，惟核以宋史藝文志雖多寡懸殊，而先後次序，往往不甚相遠。知此書當時館閣舊目，作史者蓋據以增益之，且有足訂史志之脫誤者，頗足以資考證。宋時舊籍，固不妨過而存之矣。朱氏竹垞撰經義考，每引紹興書目，又引紹興四庫續刋闕書，所謂闕書，實卽此本，而核其所引紹興書目，亦多相符，不復有出此本之外者。

所載共五百多部，惟若干類之末據紹興闕書目所補各書，當是續編所有。徐松所考僅據宋志、馬考、經義考，略明書名、卷數、著者異同。而趙希弁讀書附志拾遺有「秘書省闕書目四卷，右秘書省見闕之目也。」有四卷之多，並引證兩條，可以補入。

續編四庫闕書目罕見著錄，葉德輝「得丁氏遲雲樓鈔本，文多訛誤，然于宋諱缺避及脫爛空白之處，皆無所改移，是知其書傳授自古，必有依據。因倣錢氏考證崇文目之例，取宋人官私書目，悉錄以資校勘。其書名異同，卷帙多寡，必詳載之，以見古書傳世之存亡、有宋一代朝野崇文之盛治。」（自序）

所載近兩千部，葉氏徵引史志、崇文總目、晁志等，遠比徐松所考精詳。惟以馬考「第錄舊目，棄而勿採。」實則馬考在舊錄之外，還引用各家序跋、筆記，又每加案語。又序文引鄭樵校讎略云「月令乃禮家之一類，又見於農家，又見於月鑑。（今無月鑑一類，疑本書亦有脫佚。）」今按：本書歲時類有月鏡二卷，也見宋志農家類。宋人諱鏡，改鏡作鑑。疑鄭樵所云農家是類名，而月鑑是書名。又本書集部在子部前，則由於錯亂。

書成葉氏多次刋行，後收入重編觀古堂書目叢刻，廣文書局據以影印收入書目五編。徐松所考四庫闕書未刋，僅有鈔本。宋史藝文志廣編則兼收徐松、葉德輝所考二目，對考證文字，未加刪除。並可利用所附書名人名綜合索引，查閱本書及廣編所收其他各書所載著述。

第三節　中興館閣書目、續書目

宋志：陳騤中興館閣書目七十卷序例一卷，張攀中興館閣續書目三十卷。亡佚已久，今有趙士煒中興館閣書目輯考五卷、附續目一卷。

陳騤，字叔晉，或作叔進，天台人。紹興二十四年進士，歷知贛、秀、太平、袁四州。光宗時爲吏部侍郎，應詔疏三十餘條，皆切時病。寧宗卽位，知樞密院兼參知政事。嘉泰三年（一二〇三）卒，年七十六，謚文簡。所編書目外，有中興館閣錄十卷。撰有文則十卷。宋史卷三九二有傳。

書目淳熙五年（一一七八）六月上，刋板一千五百八十片，九月十四日有旨秘書省，見印到中興館閣書目，內將二十部進入。（注一）參合衆見，凡五十二門，計現在書四萬四千四百八十六卷。（注二）

李心傳記高、孝兩朝求書經過，略云：高宗始渡江，書籍散佚。紹興初有言賀方回子孫鬻其故書，上命悉市之。洪玉父建言蕪湖縣僧有蔡京所寄書籍，因取之以實三館，劉季高又請以重賞訪求之。五年諸葛行仁獻書萬卷于朝，詔官一子。十三年初建秘閣，又命卽紹興府借陸農師子寘家書繕藏之。十五年遂以秦伯陽提舉秘書者，掌求遺書圖畫及先賢墨跡。時朝廷既右文，四方多來獻者，至是數十年，秘府所藏益充物，乃命館職爲書目，其例皆仿崇文總目。（注三）

館閣書目不僅爲中興藝文志所依據，玉海等也多加採錄，所以雖久已亡佚，趙士煒從玉海得九百多條，山堂考索得近二百條，陳錄得百餘條，困學紀聞等也偶加引用。共輯得一千零十九家，原釋八百八十二條，考六百七十八條，編成輯考五卷。並知中興藝文志分類，依據此目。而宋志書名卷帙，多與此合。陳垣撰輯考序略云：「此目下及淳熙，有宋一代人文粗具於是，況又爲宋志之所由出。宋志蕪陋，訂正史闕，惟玆是賴，不僅考存佚，驗異同已也。吳氏西齋，李氏邯鄲，舊錄都佚，此書時引其遺說。陳氏書錄解題，論者稱爲典覈，夷考其實，多本是書，是前者恃其保存，後者蒙其啓發，其重要轉在崇文之上。」不免推崇稍過。如說陳錄多本是書，僅以淳熙以後「人文」而論，便只能具於陳志。趙士煒按語也屢訂其疏失。僅以雜傳類而論，西京雜記條誤以劉歆父向做葛洪父。辨謗略非裴潾撰，而僅撰序文。唐餘錄有紀、志、傳，是五代別史，而誤入雜傳。輯考引證材料，多於錢輯崇文目、徐松葉德輝考闕書目。而如譜牒類玉牒行樓，李正文編次。趙氏按云：正當是匡之誤。文是乂字，避太宗諱。其實匡是太祖諱本字，乂僅是太宗嫌名。趙氏偶然疏失。

中興國史藝文志序略云：中興館閣續書目，秘書丞張攀等編，得書七百五十二家，八百四十五部，凡一萬四千九百四十三卷，嘉定十三年（一二二〇）上。距陳騤上書目計四十二年。所得不算少，陳錄評爲草率尤甚，所以各家少見引用。趙士煒從玉海中輯得三十四條，其中遺文二十一部，其餘則是各類所有家數、卷數小計。

張攀字從龍，號益齋，常熟人，淳熙十一年進士，歷秘書丞，起居郎崇政殿說書，爲人寬厚易直，遇事以誠。嘉定十六年（一二二三）卒，年七十，有文集、奏議。（注四）

宋室南渡後雖也勤於搜訪圖書，然而一、由於秦檜主和議，懼人謗己，令禁私史。臣民怕以藏書招禍，不敢投獻。二、南宋館閣藏書無複本，散佚就不易補齊。進書本就失於抉擇，加上校理不善，防閑不嚴，所以多遭散失。後來紹定四年（一二三一）臨安大火，秘府藏書，幾乎全燬。而所編書目叢脞失檢，考究疏謬，無怪散佚不傳。

館閣書目輯考附續目，北平圖書館在民國二十二年排印，收入古逸書錄叢輯，流傳不廣。宋史藝文志廣編所收僅是簡目和出處。原釋和考證，以及各部類末的統計，全都删去。利用價值不高。趙氏輯考原本無標點，引文和按語之間有時不易分清。如能加以句讀重印，以廣流傳，則方便查閱。

〔附　注〕

注一　見中興館閣錄第四、二、六等卷。

注二　見羣書考索前集卷十九。

注三　見建炎以來朝野雜記甲集卷四。

注四　見吳中人物志卷七、琴川志卷八。

第二章　史　志

史志多據官錄編成，宋代屢修國史，宋志著錄北宋三種，淳熙間則修中興四朝國史，皆有藝文志，爲宋志所依據，所以宋史雖成書倉促，而著錄近萬種，爲史志所未有，編次雖錯亂，而仍有脈絡可尋，考訂宋代文獻仍爲重要依據，而訂正者多家。通志雖是私史，其中藝文略實是別史之史志，因也收入。至經籍考及玉海成書雖已入元，資料則出於宋代。漢藝文志考證、新唐書藝文志；又方志藝文志二種也附入，卷首緒論有說明。

第一節　三朝、兩朝、四朝、中興國史藝文志

宋志正史類：呂夷簡宋三朝國史一百五十卷，王珪宋兩朝國史一百二十卷，李燾、洪邁宋四朝國史三百五十卷。

中興四朝國史，淳祐間修。

以上四種國史均有藝文志，玉海、通考曾引用。宋代國史有副本流傳民間，晁志、陳錄均曾著錄，

然散佚已久。其中藝文志也隨之湮滅不傳。趙士煒就各書徵引，撰有輯本。其北宋三種，徵引時每不加分別，因合輯爲宋國史藝文志輯本。北平圖書館於民國二十一年印入古逸書錄叢輯。中興藝文志則另成一篇，載北平圖書館館刊六卷四期，民國二十一年十二月。

宋志序略云：太祖太宗眞宗三朝，三千三百二十七部，三萬九千一百四十二卷。次仁英兩朝，一千四百七十二部，八千四百四十六卷。次神哲徽欽四朝，一千九百六部，二萬六千二百八十九卷。三朝所錄，則兩朝不復登載，而錄其所未有者。四朝於兩朝亦然。最其當時之目，爲部六千七百有五，爲卷七萬三千八百七十有七焉。至寧宗時，續書目，又得一萬四千九百四十三卷，視崇文總目又有加焉。

趙士煒在輯考中興館閣書目及附目過程中，見玉海、馬考所引國史志甚多，又輯得二百多條。自序略云：至其體例，可略得言。以斷代之史，而有通記之志，於體於義，均爲未得，國史志於此，未能改正其失，與隋唐志同。國史志每類有小序，每書有解題，此異於歷朝史志者。竊以爲史貴簡潔，藝文志難比書錄，苟有不明，如唐志略加注釋可已。若並具解題，殊嫌蕪穢。且自輯得者考之，多失於空疏敷衍，是其意祇在取盈卷帙，實非史志正體。謂爲其失，固無不可。考三朝志似本之咸平館閣書目，兩朝志本之崇文總目，（見兩朝志序）四朝志似本之政和秘書總目，（按四朝志序云，今見於著錄，往往多非曩時所訪求者，然則亦未盡本於秘書總目也）中興志乃以館閣書目、續書目銓次而成。宋志云：「三朝所錄，則兩朝不復登載，而錄其所未有者。四朝於兩朝亦然。」又云：「今刪其重複。」蓋中興志乃紀南渡後重收圖籍，故有重複也。又玉海所引多曰國史志，未有區別，不悉其爲三朝志，抑兩朝志，故今所輯錄，合前三志於一編，統曰國史志。其已明言某朝志者，亦予注明，庶便觀覽。中興志別析爲一卷。其次略用宋志。

共計輯得四部四十四類，二百零八條。又序二十一篇，其中四篇重見，實得十七類小序。其中經解類出四朝志，記唐末、後唐至宋代校刋書籍情形。正史類出於兩朝志，略述史記至唐書校刋經過。釋家類出於三朝志，記大中祥符法寶，又記摹刻情形。足徵北宋書目已頗記板刻資料，早於晁、尤諸家。

中興國史藝文志記高、孝、光、寧四朝所藏，成書雖晚，當時國勢已衰，朝野對求書、校書已不如承平或中興時之盛，所以注重當代文獻如陳振孫，也未見中興國史。僅馬考偶加引用。趙士煒輯得四十六條又序文一條，又知分爲四部五十二類，綜五千三百六十一家，六千零八十八部。其中全無總數二類，一類缺家數，缺部數及部數不確各二類。七萬八千三百一十二卷。解題既多殘缺，考證之處無多。眞是僅存鱗爪。

宋史藝文志廣編收宋國史志輯本序目並注出處，而略去原釋及考證，如同館閣書目輯考。中興藝文志則僅載序文，又闌入四朝志序中。似係編廣編時原擬收入，後又撤出，而留下序文，又形成錯簡。

第二節　宋史藝文志

宋史，元托克托修，其卷二〇二至二〇九是藝文志，凡八卷。著錄近萬部，十二萬卷，在歷代史志中卷帙最富。然編次無方，重複顛倒，錯誤最多。然而元人修史，雖成書倉促，因爲是以宋代國史藝文志爲藍本，大致仍能秩然不紊。而且元史無藝文志，明史、清史稿斷代成書，宋志便成爲最「新」的圖書總目。又因錯誤多，訂正者有多家。而要認識宋志，宜先瞭解宋史纂修情形。

壹 宋史纂修經過

宋代屢修國史，各有藝文志，又有崇文總目、館閣書目等，元人修宋史，取材於舊目，然失於考訂。又對寧宗以後著述多闕而不載。雖仿新唐志增有不著錄部分，僅一百八十部，且祇到史部傳記部分。所以如此敷衍塞責，且看宋史纂修情形。

元滅宋後，世祖至元十六年（一二七九），命史臣通修宋遼金三史，久未成書。仁宗延祐、文宗天曆間，又屢次詔修。順帝時又命托克托等修三史，從至正三年三月開局，到五年十月（一三四三——一三四五），修成宋史四百九十六卷，爲時不過兩年半，比明初修元史，更爲迫促。

爲何前幾次都遷延歲月而未修成，後來却倉促成書，這主要是因爲正統問題。如元史托克托傳云：

「以義例未定，或欲以宋爲世紀，遼、金爲載記；或以遼立國在宋先，欲以遼、金爲北史，宋太祖至靖康爲宋史，建炎以後爲南宋史，各持論不決。」

大致漢人多主以元承宋，而擯遼金。而元以北方部族，入據中原，和遼金相類，所以不能不祖遼金。因而各據一見，又多所顧忌，以至雖修而未成。到托克托爲相，主張三國各爲正統，各繫年號，托克托自爲都總裁，義例既定，取前幾次已修好的紀傳表志，稍加勘定，加以編排，所以不需多少時日。(注一)主持乏人，多次中輟，體例不定，實是宋史及其藝文志爲人詬病主因。

貳　宋志取材

宋志序云：「宋舊史，自太祖至寧宗，爲書凡四。志藝文者，前後部帙，有亡增損，互有異同，今刪其重複，合爲一志。蓋（當作盍）以寧宗以後史之所未錄者，倣前史分經史子集四類而條列之。大凡爲書九千八百十九部，十一萬九千九百七十二卷云。」

而「爲書凡四」，說法不一：

錢大昕謂：此志合三朝、兩朝、四朝、中興國史彙而爲一。(注二)

宋志廣編前言云：據宋史藝文志序，是根據自太祖至寧宗四書目（崇文總目、秘書總目、中興館閣書目、又續書目。）刪併重複合爲一志的。

趙士煒中興館閣書目輯考，自序略云：考此書凡分五十二門，以通考所引中興藝文志證之適合。中興藝文志序亦云：今據書目、續書目及搜訪所得嘉定以前書，詮校而志之。中興藝文志分類本之此目，當無疑義，故今從之。詮序次第則準宋志，而以通考參訂之。其書名卷帙，宋志多與此合。間有參差，不及百一。故凡書名卷帙，闕者概以宋志補之。按：如趙氏所考，中興館閣書目的書名卷帙，幾乎全與宋志相合，成爲宋志採用中興館閣書目做材料最有力的證據。

其後序云：宋中興國史藝文志序云，今據書目、續書目，詮校而志之。但中興國史已亡，僅門目尚存於通考。今按宋志每類書數與之合，宋志編次，或以中興志爲依據，又子部雜藝術類射經諸書，玉海鈔錄最有倫序，竟暗與宋志合。然則宋志之次序，卽館閣書目之次序矣。按：在書名卷數之外，宋志連次序都和館閣書目相合，爲前說又多一證據。而又考知宋志的編次，或以中興志爲依據。因此可以說中興館閣書目與中興國史藝文志也多相合，而同爲宋志的依據。

士煒又有宋國史藝文志輯本，自序略云：三朝、兩朝、四朝、中興四朝國史，玉海、通考並嘗引用，宋史亦據以損益成書。元史官學識淺陋，故宋史疏略尤紕繆。嘗欲爲之整比疏理，別爲新編，則宋人書錄，首資佐證，至官錄尤爲重要，蓋宋志之所自出。今崇文有輯本，中興佘纂錄成書，崇文目亦重加校訂，國史志復從而輯之。可知士煒所說宋志所自出的官錄，含崇文、中興目、國史志等。而四種國史的藝文志，似也在內。

自序又云：考三朝志似本之咸平館閣書目，兩朝志似本之崇文總目（見兩朝志序），四朝志似本之政和秘書總目（按志序亦未盡然），中興志乃以館閣書目、續書目銓次而成。（注三）

綜合上述，中興館閣書目經趙士煒考定爲宋志所採用。北宋三種國史志，僅有輯本，且所得無幾。秘書總目無輯本。崇文總目又是兩朝國史所據，不論那一家說法，都爲宋志所採用。今取崇文目和宋志對比，知兩目固有相同處，而相異處也不少。下面是兩目易、書、詩三類的比較。

相同各書：甘棠正義、周易集解、易論、周易新論傳疏、言象外傳、尙書大傳、尙書正義、韓詩外傳、毛詩斷章等九種。書名從寬認定，如宋志每省去周易、尚書字樣。

書名不同：宋志補闕周易正義略例疏，崇文作周易正義補闕。宋志毛詩指說統論，崇文作毛詩指說。宋志毛詩釋題，崇文釋作解。

卷數不同：宋志易緯七卷，崇文作九卷。周易乾鑿度宋志三卷，崇文二卷。陸希聲周易傳宋志十三卷，崇文二卷。周易正義補闕宋志三卷，崇文七卷。

撰人不同：易緯、周易乾鑿度，宋志均鄭玄注，崇文一宋均注，一無注人姓名。周易傳宋志題卜子夏傳，宋志無撰人。毛詩小疏、毛詩釋題宋志均張訢撰，崇文均不著撰人。

內容不同：宋志鄭玄周易文注義一卷，崇文周易一卷，鄭康成注，今惟文言、說卦、序卦、雜卦合四篇，餘皆逸。宋志王弼（周易）略例一卷、易辨一卷，崇文周易十卷，王弼注。宋志毛詩二十卷，毛萇詁訓傳、鄭玄箋，崇文毛詩古訓傳，毛亨撰。

崇文有毛詩斷章十三卷，成伯璵撰。宋志無。

由此看來，二目雖有相同，因時間相去不遠，都出於秘府所藏，自然有些書相同。而相異之多，就不能說宋志是完全採用崇文總目。

至於秘書總目，雖見於玉海及宋志，可是都是據其他書目轉載，而不是當時所有。尤目有秘閣四庫書目，未必便是同一書。晁、趙、陳三家書目既未見著錄，又未加引用。趙士煒認爲四朝志且不盡依據秘書總目，說已見前。所以南宋時不甚通行，元人修宋史時，更難信其能見到且據以修志。

就宋史修撰的過程看來，屢作屢輟，人事多次更換，纂修者缺少具有三長之士。紀傳和其他各志，既據宋代歷朝國史，藝文志當不肯捨國史中藝文志不用，却利用崇文總目等。而且據宋志序：三朝所錄，則兩朝不復登載，而錄其未有者，四朝於兩朝亦然。只要加上中興藝文志而刪其重複，豈不省事。而且宋志序雖也提及崇文總目等，就文意來說，以「為書凡四」指四種國史志也較順。其實國史志既皆據崇文總目等編成，其間自然有相同處。而如崇文總目差異既多，當不是宋志直接材料。

叁　宋志中小注

論述宋志多注意其著錄重複錯誤，編次無序。而少留意於小注。宋志小注不多，却頗簡要，可比美藝文略，而足供編簡目時參考，不過也是幸而偶中。今分析其義例，並論其得失如下：

甲、記書名　所記多係一書有異名，如：

春秋類：荀卿公子姓譜，一名帝王曆紀譜。又春秋十二國年曆，一名春秋齊年。

地理類：諸道山河地名要略，一名處分語，一名新集地理書。按：此一書三名。

乙、記卷亡　宋志於不知卷數各書，均注「卷亡」，而以部或册計其數量。如：刑法類：六曹條貫及看詳三千六百九十四册，卷亡。

又政和重修敕令格式五百四十八册　卷亡。按：此類法規檔案之類，未必分卷，且時有增減，宋國史志當係據舊目記其册數，而無所謂「卷亡」。修宋志藝文志時，但取一律，於原未分卷各書，也依例注卷亡字樣。

宋志每部類之後，都總計該類若干部數，若干卷。而如刑法類，計二百二十一部，七千九百五十五卷。然卷亡而以册計的，凡六千五百五十册，數字已和卷數相去不遠。一册以三卷計，便有兩萬卷。却捨去而不予統計，又不加說明，可說見小遺大，不足以反映刑法類所收書的數量。

丙、記殘缺　間有注明。有春秋纂類義統、後魏書紀、江都集禮、歲時廣記、大象玄機歌等。

按宋志著錄近萬部，其中殘缺何止這區區幾種，如小說類夷堅志，宋志載六十卷，注云：甲、乙、丙志。又八十卷，注云：丁、戊、己、庚志。查陳錄載夷堅志，大凡四百二十卷。馬考同。宋志僅前三分之一。又趙志載夷堅志僅四十八卷，知宋世傳本已多不全。修宋志時所據的國史舊目，僅有兩殘本夷堅志，連足本卷帙的資料也未曾寓目。

丁、記著者項　宋志從新唐志把著者姓名記在書名之上。不過也有把著者項以雙行小注的方式，記在卷數之後。如：

一、著者不止一人，姓名都注在書名之下，如禮類：四先生中庸解義一卷，程頤、呂大臨、游酢、楊時撰。

二、傳記類傳主姓名在前的書名，著者姓名作小注，以免相混。鄭樵通志校讎略不類書而類人論云：「唐志以人置於書之上，而不著注，大有相妨。如管辰作管輅傳三卷，唐志省文例去作字，則當曰管辰管輅傳，是二人共傳也。」宋志改爲小注，可免新唐志之弊。如：朱勝非行狀，劉岑撰。

三、儀注等類關於同一氏族的著作，也有相似的情形。如：横渠張氏祭儀，張載撰。

四、子書多有以著者姓氏爲書名第一字，著者姓名常作小注。例如儒家類：荀卿子，戰國趙人荀況書。

五、集名和人名相似恐相混淆，所以把著述作爲小注。如：劉跂集，王家撰。

六、著者姓名不詳而以別號著錄的。如道家類：黃帝內景五臟六腑圖，太白山見素女子胡撰。

七、著者的姓或名不知的，不宜冠於書名上，祇好改作小注。如小說類：佛孝經，舊題名鶚，不知姓。

八、書由政府機構所編集，加在書名前，不免累贅，因而作爲小注。如儀注類：中興禮書，淳熙中禮部太常寺編。

九、書有並非撰著而係編集，或撰人之外，還有箋注、校訂等人。如冠於書名上，易與撰人混淆；或不便冠於書名之上，因而作爲小注。這類名目甚多，分述於下：

易類：繫辭說卦序卦雜卦，韓康伯注。

論語類：論語指南，黃祖禹、沈大廉、明宏辨論。

小學類：崔逢玉璽譜，嚴元士等重修、宋魏損潤色。

這一類的例子，因撰述性質不同，而用字有別。宋志於撰著各書，撰著人姓名下都省去撰字，因而撰著以外編集校注等，祇好作爲小注。

以上九例，都是因爲宋志採用以人類書的方式不當，而產生「例外」。一種規則固然不易很周延，難免會有些例外，可是例外太多，這規則必然有問題。筆者曾有專文討論，認爲編目應以書名項爲主。

以上所述，都是簡目應記項目，而宋志小注，也有足以稱道的地方。今分述於下：

甲、略述書的內容。宋志雖無解題，有些書間有若干字小注說明內容，如：

春秋類：汲冢師春，師春純集疏左傳卜筮事。

故事類：兩朝誓書，景德中與，契丹往復書。

傳記類：三朝遺事，記載張說、姚崇、宋璟事，不知作者。

乙、小注間有辨僞之語，今摘錄於下：別史類：新野史，題顯德元年南山不名子。按：這一類姓名不詳而僅有別號，多是山林隱逸之士，或來歷不甚可考。宋志凡數十見。本條上有「題」字，後世編書目，對撰人不甚可考，而前人題作某人所撰述的，常在姓名上加「題」或「舊題」以記疑。宋志已如此。

五行類，黃帝朔書，託太公、師曠、東方朔撰。

丙、記撰序人姓名如總集類：郢州白雪樓詩，蕭德藻序。

丁、記書的來源　古書有前無所聞，後世偶然發現。有來源可疑，記其傳聞的出處，則有些辨僞意味。略記於下：

易類：古易，出王洙家。按：可和晁志陳錄相參證。

書類：汲冢周書，晉太康中於汲郡得之，孔晁注。
傳記類：楊貴妃遺事，題岷山叟上。按：來源可疑。
戊、說明書中材料時間性如：
傳記類：登科記，起建隆，至宣和四年。
儀注類：幸太學儀，元祐六年儀。
己、記板本，如編年類：神宗實錄朱墨本，舊錄本用墨書，添入者用朱書，刪去者用黃抹。按：可和晁、陳兩志相參證。
儒家類：石月至言，余應求刋其父之言。從這僅有一條刋行資料，可反映宋志所依據的書目中，不乏記述刋書資料。
庚、著者身分如：別集類：易安居士文集，宋李格非女。總集類：梅江三孫集，孫立節及子勵、孫何所著。
以上七項要言不繁，頗得鄭樵校讎略所說：書有應釋有不應釋的意旨，可比美藝文略中小注。這未必是修志史臣有意如此，因爲如辨僞，引證書目，和偶然記板本等項，可載材料甚多。而如記作序人姓名數條，却多沒有什麼用。
所以就義例上說，記述這些材料，不免有遺漏，復有浮濫。然編簡目時，可用來作參考。看需要情況，做極簡要的說明，而能對查閱書目的人很有用。

肆　引證其他書目

檢宋志小注，共引用其他書目七次。

職官類：宋朝相輔年表　中興館閣書目云：臣繹上。續表曰：臣易記。

儒家類：子華子，自言程氏，名本，字子華，晉國人。中興書目曰：近世僞託。朱熹曰：僞書也。

道家類：黃帝陰符經，舊目云：驪山老母注，李筌撰。

又：文子，舊書目云：周文子撰。

又：鶡冠子，不知姓名。漢志云：楚人，居深山，以鶡羽爲冠，因號云。

五行類：雲雨賦，崇文總目有劉啓明占候雲賦式，卽此書也。

別集類：劉一止集，苕溪集多五卷，張攀書目以此本爲非齋類稿。

趙士煒中興館閣書目輯考卷二職官類云：

宰輔年表一卷（續一卷）注：據書錄解題補。

〔原釋〕建隆至治平，不知作者。注：玉海一百二十：臣繹上。續表曰：臣易記。注：宋史二〇三。士煒按宋志作相輔年表。引中興書目云：臣繹上。續表曰：臣易記。書錄解題作相輔年表一卷，續一卷，陳繹撰。自建隆庚申，迄治平丙午。續自丁未迄紹興十四年。稱臣易記而著姓，當是李易也。

士煒增訂得很明白，從而可見當時修宋史的草率。這一條的疏失是：無續表一卷，自係傳錄自中興書目便是如此。然「續表曰」便無所承。又無臣繹、臣易姓氏。

崇文總目輯釋卷四天文占書類云：

占候雲雨賦一卷，原釋劉啓明。注：見宋史藝文志。

錫鬯按：玉海引崇文目同。宋志：雲雨賦一卷。注云：崇文總目有占候雲雨賦式，卽此書也。

宋志所引崇文總目，雲下當有雨字。

趙士煒又有中興館閣續書目輯考，續目係宋張攀撰，卽宋志所引張攀書目。趙氏所輯僅到譜牒類，無別集類劉止一集或非齋類稿。趙氏輯考失引此條。

又館閣書目輯考卷四道家類文子條引宋志注「舊書目云：周文子撰。」按云：舊書目，殆指中興書目也。又陰符經條下按云：「宋志：舊目云：驪山老母注，李筌撰。」舊目當卽指中興書目。蓋其文義合於〈玉海五所引原釋〉，且異於他目也。

不過館閣續書目輯考故事類三朝訓鑒圖條，則以玉海五六引中興書目原釋，以其文中「舊目缺其圖」一語，斷爲續書目之釋。同是「舊目」，而宋志所引指係中興書目，還有些旁證。至於玉海所引，明云中興書目，却斷爲續書目之釋，而未言所據。如趙氏所考可信，則宋志四引館閣書目，一引續書目，此外僅一引漢志，一引崇文總目而已。

伍　各家批評

甲　柯維騏

明柯維騏積三十年之力，撰宋史新編，其藝文志全採宋志，僅在各書排列次序和卷數多少，稍有出入而已。上海書報合作社編中國歷代藝文志時，附有「宋史藝文志、宋史新編藝文志歧異表」，所得近三百條，得知柯氏每删去宋志小注，或把撰人姓名移到書名上。醫書、別集等類，最後總計該類部、卷總數的一行，也予删去。反而不如宋志的原本。從這一對照表，可知柯氏的缺失，也不算完全白費。

乙　焦竑

焦竑國史經籍志附錄糾繆論宋志分類之失。

一、分類錯誤。有指明其應入那一類的。如：諡法十一種，入經解，非，附儀注。有僅說所入那一類不恰當的，如鼎錄入小學，非。

二、重出。如：荆浩筆法，小學、藝術兩出。聖政寶訓，編年、別史、故事三出。永嘉集，三出。

三、著錄錯誤。今分述如下：

1. 書名錯誤。如：李士表莊列十論，作莊子，誤。

2.人名誤。如：壇經，云慧能注，非。

3.卷數誤。如：禪源諸詮集百卷，作二卷，非。又法苑珠林百卷，作一卷，非。又宋杲語錄三十卷，作五卷，非。

四、著者失考。姓名失考，如老子藏室纂微，陳景元集，云不知名。時代失考，如德山集仰山、潙山語錄，三人皆唐僧，云不知何時人。

五、類目合併不當。如：起居注、實錄、日曆，入編年，今別出。

按：謚法隋志、兩唐志均入經解，宋志不改，鄭略在經解下立謚法一目。焦志主張入儀注，勝過各家。宋志起居注等雖入編年，然寧宗實錄以下不著錄六部置於續通曆之前，已有分立子目之意。

丙　錢大昕

錢大昕廿二史考異卷七十四，專論宋志各種錯誤。

一、重出。

1.一書兩見有一百〇八種。其中三十種是在同一類中前後重出，其他則見於不同類別。如：

陸游會稽志二十卷　此與沈作賓、趙不迹會稽志二十卷本是一書，沈、趙皆紹興守臣，而陸游爲之序。游子子虡嘗預纂修志，以爲游所撰，又分陸志與沈趙志爲二，皆非。

2.一書三見。計有邱光庭兼明書、崔昇魯史分門屬類賦、洪興祖韓子年譜、陳師道談叢究理等四種。而儒家類有陳師道後山理究一卷，傳記類有陳師道後山居士叢談一卷。此又別出談叢究理一卷。不惟重出，且復舛謬，今後山書具存。

3.多次重見。如：胡旦演聖通論六十卷　陳氏云：易十七、書七、詩十、禮記十六、春秋十，其第一卷爲目錄。此志于易、詩、書三類，別出演聖通論之目，而春秋、禮類仍復闕之。

陸德明經典釋文、鄭樵通志，情形也相似。

按：這三種書都是裁篇別出（注六），分入各類，正可擴大書目的功效，不過演聖通論的春秋、禮類，經典釋文的老子、莊子部分，未能都一律用別裁方式，義例未免不劃一。裁篇別出之外，又分別著錄全書，有如今天編目，既打散子目，散入適當類別；又載叢書於書目之中。都不能算重出。

二、誤併。如：

宋太祖實錄五十卷，注李沆、沈倫修。案：太祖實錄本有兩本，各五十卷。太宗太平興國中初修，史臣李昉……等，宰相沈倫爲監修，表進。眞宗咸平中重修，史官則錢若水……而宰相李沆監修表進之。志誤併兩本爲一，又以李沆列沈倫之前，益爲不倫矣。

三、編次失當。

1.同類書而分入不同類，計五則二十種書。如同一年譜也，薛齊誼六一居士年譜入傳記類，王宗稷蘇文忠公年譜入別集類，洪興祖韓子年譜則傳記、別集、譜牒三類皆有之。

2.分類不當，計有九十一種。如唐志著龜卽在五行之內，此志既別立著龜一家，而許季山易訣、周易六帖……天門子易髓、六十四卦歌，凡六十家，仍列於五行類，此亦義例之未當者。

3.類次失序。如册府元龜音義一卷。案：王欽若册府元龜一千卷尙在下文，而音義轉列於前，此亦義例之可議者。

四、錯誤。

1.考正書名。如醫書類：楊介存四時傷寒總病論六卷　案：晁氏志有楊介存眞圖一卷，其人名介，非名介存也，竊意介存下當有脫文，四時傷寒論則別是一人所撰。

2.同書異名。如：傳記類：趙普龍飛記一卷，亦名龍飛日曆。

3.卷數之誤。計夷堅志、王禹偁小畜集、李燾文集等三書。

4.著者姓名之誤。計五十一則。如五行類：郭璞山海經十八卷。案：山海經古書，郭氏爲之注，非郭所撰。且下文卽有山海圖經十卷，郭璞序，不著姓名，謂非自相矛盾乎？漢志雖以山海經列於形法家，要是地理家之權輿。志既以山海經讚二卷入地理類，而此復入之五行類，似未嘗寓目此書者，大可怪矣。

5.錯簡。如儒家類：外書十二卷，注：程顥、程頤講學。當在程氏遺書、語錄之下。

6.衍文。如：編年類：孫盛晉陽春秋三十卷　春字衍。

7.校勘之誤，三十八則，其他各項附及的，又略相當。

五、失收。宋志失收的書甚多，黃虞稷等所補且不論，錢氏十駕齋養新錄據當時存書補數十條，見下文。考異所載，係據義例補其應收而未收的有五則。如：

類事類有徐天麟西漢會要，而東漢會要則失之……。

小學類有羅點淸勤堂法帖六卷。宋自太宗淳化法帖而後，模刻法帖亡慮數十家，志皆不載，而獨取羅點一家，恐難免掛漏之誚矣。

故事類有龔頤正續稽古錄一卷，本名惇頤，又撰元祐黨籍列傳譜述一百卷，淳熙修四朝國史，多取其書，志失載。

六、應刪未刪。如：

儒家類：名、墨、縱橫家，無所增益。案：宋三朝、兩朝、四朝國史，各志藝文。前志已著錄者，則後志不復登載，故有無所增益之語。元人修史既彙而爲一，而秉筆之臣，空疏淺陋，不能刪其繁複，正其次第，以至一類之中，前後失次，甲乙乖方，徒憑鈔胥照本增入，此語亦遂存而不刪。昔人譏作奏雖工，宜去葛龔，豈意蘭臺東觀之儒，亦復謬濫至此。（注七）

這段文字，可說是錢氏對宋志的總評。

不過錢氏考論宋志，並非一氣呵成，想是平時查閱宋志，遇有所見，隨手批注，所得既多，加以整理。而整理又不止一次。大致從開頭到「傳記類有洪适五代登科記，而唐登科記則失之。」頗有條理。不過這一大段的標題「藝文志一」應移到這全段之後，至少應把「一」字刪去，而在全段之後另加「藝文志一」標題。

第二部分，分別標明卷次和類名，所考全按宋志的順序排列，而不像第一大段就所考得的內容，分成五項。有些是已見第一大段的，不過多較詳明。

錢大昕在十駕齋養新錄卷七有宋史藝文志脫漏條，畧云：「宋史藝文志，重複譌舛，較前史爲甚，予於廿二史考異言之詳矣。而宋人撰述，不見於志者，又復不勝枚舉，姑以予淺學所曾寓目者言之。如：曾鞏隆平集二十卷、熊方後漢書年表十卷……任淵注陳後山詩十二卷、寇宗奭本草衍義二十卷。皆大部通行。閱今四五百年尚存，而元時史臣轉未著錄，眞可怪也。」共補四十八種。

丁　四庫總目　陳樂素

清乾隆間纂修四庫全書，撰有總目二百卷，對宋志深爲不滿。如崇文總目條云：「宋史藝文志紕漏顚倒，瑕隙百出，於諸史志中最爲叢脞。」像這類批評共有十多處。然而鄙斥太過，竟有誤斥的情形。陳樂素撰有四庫提要與宋史藝文志之關係一文，（注八）略云：

一、提要稱引宋志前後逾三百條，其中如：張淳儀禮識誤、賈昌朝羣經音辨……並據原序或進書表，以證宋志卷數之誤。

胡瑗周易口義與易解，孫覺之春秋經解要學纂，實則一書，而宋志誤分爲二。

也有考證未審，如周易口訣義條，定爲史徵撰，對通志作史之證，未加討論。

二、提要稱引宋志，非宋志原文，而屬提要錯誤，竟有三十多條。如：

卷數誤。有周易口義、吳仁傑易圖說等。

書名誤。如邵伯溫易學辨惑、蕭楚春秋辨疑等。

提要載宋志所有，而宋志實未著錄。如趙以夫易通、邱葵春秋通義等。

三、提要引據宋志欠妥的。如徐氏珞琭子賦注、熊克中興小紀等條。

四、提要未深注意宋志來源。如：鄭汝諧論語意原、吳仁傑兩漢刊誤補遺等條。

五、提要雖屢說宋志荒謬不可據，而提要又每以爲依據。如溫公易說、王弼老子注等。

其結論是：「至於提要多誤之由，或緣宋志缺誤太甚，使人目眩意惑。不得已稱引，遂易蹈其覆轍歟？然則正本清源，訂譌之作，蓋未可無也。」

樂素又有宋史藝文志序文證誤（注九）一文，考其誤有八，而可疑者二。

戊　劉咸炘

劉咸炘撰續校讎通義，（注十）其唐宋明志第八，論宋志失誤，並分析致誤原因：

宋世私目甚多，修志時乃憑藉舊史藝文志，云經四修刪合成此，亦有補者，仍稱不著錄。其門類多同於前志，而古書多亡，新著大增，不似唐世之書，猶易條別，故多牽混。

其論分類之得失，分述於下：

一、特創別史一目，而所收乃隋唐之雜史，凡不屬正史者皆統焉。而又不加詮次，可謂混史。史鈔一目不知何以爲史，何以爲鈔。至此而隋志正、古、雜、覇四門相次之意全亡。覇史又降居史部之末。

二、小學雜收蒙求。樂類多收琴曲。傳記之紛甚於新唐。賈誼、陸賈、劉向之書入於雜家。官箴、韻對亦入焉。硯譜及醫馬牛書皆入藝術。會要、史韻、高氏緯略……皆入類書。

三、夏小正、月令冠於農家，而茶經、花譜、時令之書，概入其中。農家之本義亡矣。

四、著龜別出於五行，似矣。歷算更居著龜之後，何也？

五、獨斷、朝野雜記入於故事，公私儀注不附禮經。姓名之書入於譜牒。農家先於雜家，摘鈔之書入類書，此則小有可取。

劉氏所論，能從大處着眼，和焦竑、錢大昕等一部書一部書各別討論不同。又注重各類的先後順序，如覇史不當居於史部之末，因儀注、刑法、目錄、地理等，都是如今所謂專史，覇史不當在其後。不過說特創別史一目，則誤信四庫總目的說法，下文已有駁正。

己　聶崇岐

聶崇岐主編藝文志二十種綜合引得，撰有長序，(注十一) 論述各種史志的著錄情形，歷代秘府藏書聚散情形，史志的分類，史志的缺點。今摘其所論宋志部分，略云：

一、言其闕略，僅遜舊唐；論其駁雜，實冠衆志。此補遺糾繆之書，如倪燦宋史藝文志補、盧文弨宋史藝文志補、朱文藻宋史藝文志、王榮蘭宋史藝文志補遺、劉紀澤宋史藝文志匡繆，所由作也。

二、宋志附二氏於道家，釋氏一類僅二百餘部，翻譯經典才十餘種。夫自東漢之末以迄南宋之亡，千餘載中，翻譯解釋。如經、律、論、疏，何慮萬種。卽有宋一代，施護諸人譯著，亦不止此區區之數。今所收者尙不及什一，施護之書且未列入。……闕漏至此，苟簡荒唐，可謂極矣。

三、著者姓名歧出。如：章懷太子卽李賢，宋志歧出，共六例。

四、書名歧出重見。如：名醫傳亦稱歷代名醫錄，宋志歧出兩見，共十六例。

五、揲蓍法、正易心法等五行類之書，攙入易類。

六、門類疑似，一書兩入。如易類及道家類皆有易老通言……總集及別集類皆有游恭短兵集。共六十例。

七、一書同名而同見一類。如司馬光古文孝經指解等三十一例。

八、以地理五龍秘法入史部地理類，是爲大謬，以其爲五行堪輿之書。

九、宋志蕪穢人所共知，排列之亂，較唐志爲尤甚。其例甚多，不遑枚舉。如：阮籍三國末年人，而其集則在唐人張說、李白等集之後；羅隱唐末五代時人，而其集反在唐中葉時人王維、儲光羲等集之前。是蓋當時僅知據宋代國史志及館閣書目鈔撮，未暇一一校正之耳。

按：聶氏主持編製引得，對各史藝文志的得失所知多從工作中找到例證。不過多和錢大昕考得的相同，而例證則要少得多。

庚　劉兆祐

劉兆祐教授撰有宋史藝文志史部佚籍考（注十二），又撰宋史藝文志匡謬舉隅，（注一三）可說是副產品，所舉宋志的錯誤有五：

一、撰人誤題。有李荃中台志等十例。

二、撰人漏略。有李燾宋高宗日曆等十例。

三、一書重出。有宋名臣傳等十例。

四、入類不當。有李緯縱橫集等五例。

五、篇卷漏略或錯誤。有李躍嵐齋集等五例。

篇名舉隅，意在示例，以史部爲多，不在完備，而對每一例都有說明。

辛　宋志廣編

各家評論宋志，都指摘其錯誤、重出和編次失序。宋史藝文志廣編前言，則褒貶互見。略云：

整理重印此書時，發見志中重複顚倒的錯誤固屬不少，而因爲他是以宋國史藝文志爲藍本，全書體例大致仍能秩然不紊。許多疵誤，主要由於修史時有所增併，未加前後檢點所致，實際上並不像一般所想像之荒謬。

能惡而知其美，所惜僅一語帶過，未能舉出一些例證。

以上各家所評，焦竑、劉咸炘重在類例，劉氏尤能後來居上。錢大昕所得最多，共計三百多條，牽涉宋志其他處，便不下五百條。陳樂素專論四庫總目引宋志之失，很具有啓發性，既可考四庫引述其他書目情形，也可去考其他解題書目引用宋志情形。聶崇岐做綜合論述，例證頗多同於錢大昕。劉兆祐舉例少而說明詳。宋志廣編獨對宋志褒貶並用。如能彙集整理，以校宋志，對讀者實很方便。

陸　板　本

宋志著錄既富，分爲八卷，在正史經籍、藝文志中，卷帙最多，然而沒有單行本，而附在宋史或叢書中。不過傳本很多。今分述於後，並略加評介。

一、宋志在宋史卷二〇二到二〇九。

1. 宋史最早刋本是元至正間所刋。已很罕見。中央圖書館等便無藏本，而祇有明成化十四年（一四七八）兩廣巡撫朱英刋本。商務印書館百衲本二十四史中宋史，係據至正本影印。

2. 淸乾隆間武英殿刋二十四史本。宋志附有考證二十八條。

3. 點校本二十四史。附有校勘記。宋志計三百二十七條，以校訂姓名、書名、小注等脫誤。所引有史志，公私各家書目，史傳，方志，筆記，文集等。今存各書，還參證原書卷數或序跋等，以示信而有徵。

刋本。

1. 最早收宋志的叢書是八史經籍志，有日本文政八年（一八二五）刋本，淸光緒九年鎭海張壽榮校

二、叢書本。

八史經籍志收入商務印書館叢書集成，改成用鉛字排印，並加句逗，常有錯誤。

新文豐出版社翻印過叢書集成，宋志據排印本。

藝文印書館的百部叢書集成則影印張刻八史經籍志本。

2. 歷代歷文志本，民國初年上海書報合作社編印。遠東圖書公司翻印，改名中國歷代圖書大辭典。

附有宋志和宋志新編歧異表，已見前文。

3. 歷代藝文志廣編本，世界書局印行。其中宋史藝文志廣編、附收有宋史藝文志補、中興館閣書目

輯考簡目等，並附有書名、人名綜合索引，很便於查閱。不過索引只能用於查廣編的頁次，而不注卷次

或類別，不能用以查其他本子的宋志。

元明淸刋本宋史，八史經籍志中宋志，每一類都把所收各書接着排列，眉目不淸。點校本宋史和歷

代藝文志，歷代藝文志廣編，則各書多另起一行，便於查閱。

三、藝文志二十種綜合引得。收有宋志和宋志補。燕京大學引得編纂處編。這一索引可查各類板

本，並知漢隋兩唐志著錄。推算查閱其他板本的宋史。而且所查的書名或著者，漢、隋、兩唐等志所收

各書也可查到，便於參考。

這一綜合引得，不能算是宋志的一種本子，不過收有宋志和宋志補，而且是目前查閱宋志最方便的索引。尤其是著者部分，詳列這二十種藝文志所收的書，比宋志廣編只記頁次要有用，所以也附記於此。

柒　結　語

宋志既多疏漏，宜以點校本做底本，將其他各家考訂所得，分別注入，其瑣屑考訂，不便附記，摘要作爲附錄。另編書名人名索引。

宋志著錄既富，錯誤又多，宜策羣力，依各人所長，分工合作，做照姚振宗考證隋志的方式，做成宋史藝文志考證。

〔附　注〕

注一　參見世界書局二十五史述要、宋史。

注二　見廿二史考異卷七十四、宋史藝文志。

注三　見圖書大辭典簿錄之部、官錄與史志。

注四　見中國目錄學史、校讎篇。

注五　趙士煒三種輯考均由國立北平圖書館於民國二十一年印入古逸書錄叢輯。宋藝文志廣編僅錄其序目。

注六　說見章學誠校讎通義別裁節。
注七　參考趙士煒宋國史藝文志輯考。
注八　載圖書季刊新六卷一、二期，民國三十四年六月。
注九　同注八。
注一〇　民國戊辰（七年）刊本，推十書之一，收入鼎文書局校讎學系編。
注一一　哈佛燕京學社引得第十號，序撰於民國二十二年。
注一二　原爲國立臺灣師範大學國文研究所博士論文，增訂後收入國立編譯館編印的中華叢書。民國七十二年。
注一三　見東吳學報第四期、民國六十四年九月。

第三節　通志藝文略

通志二百卷，鄭樵撰。其中卷六十三至七十，凡八卷爲藝文略。此下爲校讎、圖譜、金石三略各一卷，分述目錄理論和非書資料。

藝文略鈔輯史志及私家藏目，主要在實踐其不拘四部的十二大類分類法，然見名不見書，編次失序，頗見譏於後世。而後世也受其影響。

壹　鄭樵傳略

鄭樵，字漁仲，宋興化軍莆田縣人。築室夾漈山之溪西，因號夾漈，又號溪西遺民。生於徽宗崇寧三年，卒於高宗紹興三十二年（一一〇四——一一六二），年五十九。

父鄭國器，太學生，徽宗宣和元年（一一一九）病死蘇州，時樵年十六，盛夏中徒步護父喪而歸。從此不聞科擧功名之事，與從兄鄭厚（號景章，比樵大四歲，知湘鄉縣，死於任上。）讀書山中。而「家貧無文籍，聞人家有書，直造其門求讀，不問其容否，讀已則罷，去住曾不吝情。……又好沖介自守，不廣交游，以求聞達。用是見斥於世，彌曠宇宙，若無所容焉。」（註一）

靖康二年，徽欽二宗北狩，鄭樵和兄厚聯名上書宇文虛中，自比程嬰、公孫杵臼、藺相如、張巡、許遠等死義之士，「謂人生世間，一死耳。得功而死，死無悔。」可是宇文因議和之罪，流放韶州。次年奉使金國，一去不得返。這請纓衛國的事，當然就談不到了。

於是讀書、講學和著書於夾漈草堂中。到紹興十八年（一一四八），四十五歲時，步行到臨安，把他幾十年間的著作，獻給高宗，有獻皇帝書一文，自述有四十二種，還有八種沒有完成。高宗接納了獻書，交給秘書省。達成了他想把這些著作，能夠借政府的力量，善加保存的願望。

過了兩年，又上書宰相，希望能擔任整理秘府收藏的圖書金石的職務；還有要修撰通史。直到紹興二十八年才得到高宗的召見，授廸功郎，主管禮兵兩部架閣文字。三十一年，通志定稿已完成，伏闕上書，而高宗却去了建康，所以不得晉見。詔遷為樞密院編修官。又允許他閱讀秘書省的書籍。但為小人所中傷而不果。三十二年，高宗命他進通志的時候，他却去世了。

貳　鄭樵著述和學術

顧頡剛撰有鄭樵著述考一文，得六十八種，而鄭奮鵬教授撰鄭樵的校讎目錄學一書，又踵事增華，得八十八種。不過其中有些不甚可信，如所據乾隆莆田縣志，所收夾漈書傳等十多種，縣志便未註明出處，其他書目、文獻，又都未見記載，自難徵信。又如六經奧論六卷，淸人疑為依托。事實上四庫總目禮類存目還有禮經奧旨一卷，提要說是六經奧論之一卷，偽中之偽，顧、鄭兩家，都未論及。又如通志略，係通志二十略的單行本。至於通志六書略五卷是二十略之一，通志敍論二卷，雖見宋志，當即通志總序的單行本。其實禮類、小學類、氏族類中，有些書也很可能是從通志略中裁篇別出。

而這些著作，多已亡佚，所存僅有爾雅注三卷，通志二百卷、夾漈遺稿三卷。還有存疑的六經奧論六卷。是非常可惜的事。不過最重要的通志則很完整的保留下來，其中二十略，當係以其他若干著作為依據，(註二)保存了他的一些重要學說和所搜集的資料。遺稿僅收文七篇，詩五十五首，然有助於瞭解他的生平。

鄭樵治學的精神，重在徵實。如他在天文略序中，記他觀測、記錄星象的情形，略云：

天文籍圖不籍書，信圖難得，故學者不復識星。臣向嘗盡求其書，不得其信。一日得步天歌而誦之。時素秋無月，淸天如水，長誦一句，凝目一星，不三數夜，一天星斗，盡在胸中矣。又昆蟲草木略序說：大抵儒生家多不識田野之物，農圃人又不識詩書之旨。二者無由參合，遂使鳥獸草木之學不傳。惟本草一家，人命所系，凡學之者務在識眞，不比他書只求說也。……臣少好讀書，無涉世意，與田夫野老往來，不問飛潛動植，皆欲究其情性。已得鳥獸之眞，然後傳詩；已得詩人之興，然後釋爾雅。今作昆蟲草木略，爲之會同。

所論切中歷來注釋名物之失。不過他以三百六十應周天之數，則失於拘泥。

通志略中有圖譜略，强調圖和譜的重要性。可是二十略除六音略用圖譜表示之外。他如天文、地理、禮、器服、樂、職官、昆蟲草木各略，如能用圖譜說明，效果遠比文字要好。而鄭樵却未能做到這一點。

他如此重視徵實之學，所以對義理和辭章，便看做語言之末。如圖譜略原學說：

義理之學尚攻擊，辭章之學務雕搜。耽義理者，則以辭章之士爲不達淵源；玩辭章者，則以義理之士爲無文彩。要之辭章雖富，如朝霞晚照，徒焜燿人耳目；義理雖深，如空谷尋聲，靡所底止。二者殊途而同歸，是皆從事於語言之末，而非爲實學也。

又在爾雅序中說：

如論語所謂學而時習之，不亦說乎！無箋注，人豈不識？……此皆義理之言，可詳而知，無待注釋。有注釋則人必生疑，……因疑而求，因求而迷，因迷而妄。指南爲北，俾日作月，欣欣然以爲自得之學。其實沉淪轉徙，可哀也哉！

這兩番話放在清代乾嘉，徵實之學極盛時期，也可說是死硬派。而鄭樵則生在理學極盛的宋代。眞是不趨風氣，甚至可說是獨立特行了。

這一精神，表現在他的校讎理論上，便有校讎略的「泛釋無義論」，「書有不應釋論」，「書有應釋論」，不僅切中時弊，而且足以垂範後世。表現在分類上，則是「類例既分，學術自明，以其先後本末具在。」而實踐這些理論，則是通志的藝文略。他對史學，則主張要能會通，要能博。實踐這一觀點，便是所撰的通志。他在宋高宗召見時，曾獻修史大例十二篇，當是論修史義例，惜已不傳，不過當由通志表現出來了。

叄　通志及其二十略

通志是一部紀傳體的通史，有紀、傳、年表、載記和略。二十略尤其自負，認爲因襲少而創制多。其實除了氏族、六書、七音、都邑、校讎、昆蟲草木等幾略之外，漢唐舊史也都有。即以藝文略而論，材料也多取自隋、兩唐各史的藝文志或經籍志，加上崇文總目所記唐末和五代的著述，前史的錯誤，不但少有訂正，反而增加了些新的錯誤。不過在分類法上有些創新而已。

肆　金石略、圖譜略

藝文、校讎、圖譜、金石四略，所論述的都是關於圖書文獻。圖譜、金石兩略，可說是當時的非書資料。圖譜略便也多取材於漢、隋、兩唐諸志，不過彙集一處，又有增益。金石之學在宋代特別發達，而也有所承受。清乾隆間官修的續通志，金石略敘言說：

> 歐陽修、趙明誠、薛尚功、洪邁、黃長睿、董逌諸人，遞有撰述，或載釋文、或存題跋、或繫以地、或繫以人，先後詳略，互有得失，要各自成爲一書。鄭氏取諸家著錄以入通志，故條列其目，省其原文，不加論斷，粗具撰書人姓氏，存其地望，按代遞編，而名之曰略，亦通史之例宜然爾。
>
> 金石之文，傳小學之源流，資經史之考證。……鄭志撰金石略，徒謂觀晉人之字畫，可見晉人之風獻；觀唐人書蹤，可見唐人之典則。則持論尚未得其要點。

又歷代石刻下有按語：

> 鄭志載歷代碑刻以年代先後爲敍，惟唐人列爲三類，又分綴書家，間附金刻，時見複互，未免自紊其例。

這些評述，都不失爲平情之論。還有一點沒有論到：鄭樵既把金石從藝文略中析出獨立，除了石經仍分見各經外，金石類的專著，如歐陽修的集古錄、呂大臨的考古圖、王黻的博古圖等，都不見著錄。而博古圖中三代之款識，爲其所引據，且予注明。倒是錢譜、寶鼎錄等，得收於史類食貨家。其實石經，也不妨在藝文和金石兩略互見。金石略摒除石經，使清人說鄭樵不知金石可資經史之考證，就無以辯解了。

圖譜略獨立，鄭樵更認爲是傑作，爲劉向等所未能想到。先是索象、原學、明用三節，做綜合性、理論性說明。分爲十六類：一天文、二地里、三宮室、四器用、五車旂、六衣裳、七壇兆、八都邑、九城築、十田里、十一會計、十二法制、十三班爵、十四古今、十五名物、十六書。

至於圖譜目錄，分記有、記無兩部分。記有部分不分類，而也沒有次第可循。如唐洛陽京城圖到三輔黃圖，大致都屬地里。接下去天文圓圖到日出長短圖，則是天文，和明用節目次不相應。然後諸路至京驛程圖則又是地里。又如銅人俞穴鍼灸圖到黃庭五藏道引圖，屬於醫家，在十六類中無所歸屬。記無部分下分地里、會要、紀運、百官、易、詩、禮、樂、春秋、孝經、論語、經學、小學、刑法、天文、時令、算數、陰陽、道家、釋氏、符瑞、兵家、藝術、食貨、醫藥、世系等目。既不採明用節十六目，也未能條理分明。譬如地里到百官屬史部，在最前，世系却又列在最後。經部仍按傳統分類法和次序，禮、樂和小學三類仍入經部，並未能如藝文略析出獨立，和經部平列。則又和藝文略自許獨創的十二類不相應。

藝文略也收了一些圖譜，就以經類來說：易、詩、春秋、論語等四家，都有譜。易、書、詩、春秋、爾雅等五家，都有圖。史類下有譜系。其他各家，也還有些種是標明了圖或譜表的，至於書目中所收圖譜也不少。其中有些和圖譜相重複，也沒有原則可循。

這都可以看出鄭樵是鈔錄了多種書目，沒有像他批評別人那麼認眞，以至重複錯亂，隨處可見。他在藝文略中，對五代時十國有關著述，書名和撰人。常加僞字。遼、金是宋的敵國，對於大遼對境圖和大金接境圖，應去掉大字。可見只是假手於鈔寫的人，鄭樵未能察看一下。

伍　藝文略的分類

藝文略不採用傳統的四部分類法，而分爲十二類，下面再分百家、四百多種，一共三級。比七略以降的兩級多了一級，鄭樵本人旣以此自誇。後世評論藝文略，在這兩方面，也多所讚美，甚至推爲創作。其實漢志、隋志和舊唐志，早已採三級甚至四級、五級分類。這種情形，鄭樵也知道而且見於校讎略等。漢志、隋志、舊唐志、崇文總目，在兩級分類法之下，都已再暗分子目，甚至再有第四級、第五級的細分。鄭樵在藝文略事實上也有再分到五級的情形，如春秋家的三傳。比照鄭樵書有應釋不應釋的說法，也可說類目有應分有不應分。這一問題，前人較少注意，而多在其書目分類的得失上加以批評。或是討論他的十二分法的創意。對於他爲了整齊其三級分類，層次上强求平頭而又齊脚，旣未能解決四部分類法的老問題，反而生出新的問題。主要是層次不明，配置失當。

一、若干上一級類目和下一級的數目相同，這樣便失去了分類的意義。

第二級和第一級相同，有樂、小學、藝術、醫方、類書等五類，在十二類中，幾乎佔了一半，都只各「分一家」，試問一類之下，只有一家，還要「分」嗎?

第三級和第二級相同的，史類的霸史、故事、職官三家。諸子類有儒術、法家、名家、雜家、縱橫家、農家、小說等八家，在十一家中，就佔了近四分之三。文類有楚辭和總集到詩評等二十二家，也就是說除了別集一家，依朝代分了二十種外，其他二十一家，都只是每家僅一種。

而類書類，僅有一家，第三級也僅分上下兩種而已。

二、鄭樵對於一類僅有一家，或一家僅有一種，不在臚列家或種的數量，其目的似在整齊家或種那一類目的等級，便是要把詳列的書目，都納入第三級「種」這一層次。不過只做到脚式的整齊，而且衍生出一些新的不整齊的情況出來。

如經類的八家，禮類的周官、儀禮、禮記，文類的楚辭等家，在第二級「家」名，已是書名。而廣雅、釋名、方言、大戴、小戴、史記、漢書……老子、莊子等種，則在第三級的「種」名，才是書名。

至於其他各種，都在種名之後，才臚列書名。固然這也反映了這些書的重要性，譬如羣經最重要，史漢和老莊是史、子要籍。不過春秋三傳呢，不但比不上同是傳的禮記，而且也居於廣雅、釋名、史、漢、老、莊之下。倒是春秋外傳國語，在第二級便以自成一「家」的姿態出現了。依照鄭樵的分類體系，三傳要在春秋家中五家傳注和三傳義疏之下，能立第四級的類目，才有希望出現。也就是說，要有三級的出入。又如中庸是小戴記中的一篇，却同在第三級。

那麼樂、小學等類，何必一定要在第二級的家中，再留級一次，何不逕行分種。覇史、故事等家，既逕行臚列書目便不必再虛列相同的種名。而覇史下不妨分國。焦志雖說多係迻錄藝文略，然在孟子、經總解、霸史、故事等類之下，不更「分」一目，便逕列書目。而天文和曆數二目之下，又再細分七個和五個第四級子目。全看需要，採取彈性分二級至四級，而不强求一律三級式的齊脚。就這一點來說，焦竑勝於鄭樵。

三、若干家第三級的種，僅是以時代分的，如史類的編年、雜史。和文類的別集等三家。而霸史、職官、類書三家，僅分上下兩種，也都是以時代分的。其實每一種之下所攝的書，也多以時代分的。甚至有些種下再細分子目，如春秋家的三傳，每一傳下再分注、疏等第五級，然後再按時代排列，那些種第三級到第五級，都是以時代分的。這是强求齊脚而產生的另一問題。又如中庸是小戴記中的一篇，却同在第三級。

現在就經類的易、書、詩、春秋、孝經、論語下所分的種，列表對照，便可以看出這種情形的一部分。如第三級「種」的名稱，不很一致，却並沒有不能統一的因素。章句、傳、注、集注，都是注，何必再分。而詩以下四家的集注，又附於注的後面，有的還加注說明，有的連注也省去了。

易	書	詩	春秋	孝經	論語
1.(古易)	1.古文經		1.(經)	1.古文	1.古論語
2.石經	2.石經	1.石經	石經附前後		2.正經
3.章句	3.章句	2.故訓			4.章句
4.傳	4.傳	3.傳	2.五家傳注		

5.注	5.注	4.注		2.注解	3.注解
6.集注	6.集注	（集注附前）			
7.義疏	7.義疏	5.義疏	3.三傳義疏	3.義疏	5.義疏
8.論說	7.統說	4.傳論			6.論難
9.類例		6.條例			
10.譜	8.譜	10.世譜			8.名氏譜
11.考正	10.（小學）	9.名物			7.辨正
13.圖	12.圖	10.圖	7.圖		
14.音	13.音	11.音	12.音	4.音	9.音釋
15.讖緯	15.讖緯	12.緯學	13.讖緯	6.讖緯	10.讖緯
16.擬易	14.續書				11.續語
8.問難	6.問辨				
9.義訓				5.廣義	

又書類還有11.逸篇、12.逸書。春秋還有5.序、8.文辭、9.地理、11.卦繇等五目。因爲其他各類都沒有，不必對照，而附記於此。

這一複分表的編成和缺失，再說明於下：

一、古易收連山、歸藏、三皇太古書等三部，並非古文周易。而春秋家的經是不繫傳文的經。都不同於其他三種經書。

二、春秋家經有一字石經春秋、三字石經春秋二部，而五家傳注有三字石經左傳，今字石經左傳經（下一經字疑誤衍），一字石經公羊傳。沒有立石經一目以收容。大致認爲這樣會經傳混淆。論語家正經僅有蔡邕今文石經論語一書。正字當作石。論語家標題下所注「正經」也錯了。焦竑又相因未加改正。

三、詩家的故訓和易、書、論語三經的章句不盡相同而相近，表中因列爲同一行。

四、春秋家的五家傳注，是左氏、公羊、穀梁、鄒氏、夾氏等五家傳，和注釋的書。所以下一目注的部分便從缺，不過這些注也和周易等注不同，因爲所注在傳，而兼注經，却又是附帶的。

五、易、詩、書用注，孝經和論語用注解，實在並無分別。

六、易有集注八部，書有集注三部，詩有毛詩集注，周詩集解，却收入注，而說明集注附。春秋、孝經、論語三家，也都有集注或集解，收入注的部分，却都未標明。

七、論說、類例、考正等目，各經所用名稱既有出入，內容也有異同，從權併爲一項。

八、擬易一目所收，係太玄和潛虛，則續書一目所收續尚書，續語所收孔叢子、家語等，都略相近似。惟法言和注本則入儒家。其實也有些「續詩」，可成一目。

九、書家有逸書收逸周書、逸篇收尚書逸篇等兩目，不妨仿春秋家別立春秋外傳國語一目例，也自立一目。其實後世把逸周書和國語，都入史部。

十、春秋家的序，所收係後人注釋的序，不宜別出成一目，文辭、地理、卦繇等，可附於注疏論說各目。

十一、所分太瑣細。現代仿杜威法的總類複分表，限於十進，有時不免削足適履。鄭樵把這六種經書，所分析的子目，累計到二十多個，則不免於好多立名目。焦竑經籍志，在分類上雖然多因襲藝文略，而對這些瑣細的子目，便省併了一些，不過仍有浮濫。而對歧異的名稱，也未能加以劃一。其實鄭樵，對於前代史志中，部類之下，再暗分子目，他也體會出來。對他細分子目，自然多所啓發。祇是他不免望名生義，見識於劉咸炘，却也對姚振宗等多所啓發。

藝文略細分子目，固然是因襲前代史志，可是標明子目，實始於鄭樵。固然瑣細錯亂，却也對後代的圖書分類，或是研析前代史志，多所啓發。雖不能說是獨創，而承先啓後，還是功不可沒。

不過十二大類，到底把子部清理一番，譬如天文、五行、藝術、醫方四類，仿漢志從子部析出。後出的類書，既非經非史非子非集，又包含經史子集，獨立成一類，可消除爭議。諸子略賸下的，便祇是持之有故，言之成理的幾個流派了。

可是和漢志諸子略的十家相比，釋家是後起的、外來的，自可增入。陰陽家併入術數，未爲不可。收了兵家，便牽强些。道家把老莊等和後起的道教，併在一塊，雖說兩唐志便是如此，可是崇文總目仍在道家之外，另外有道書類。後來的晁志、陳錄和通考經籍考則在道家外有神仙一類，都分而不合，更能表明學術源流。

其實就是農家，雖然從漢志到四庫總目，以至近年採用四部分類法新編的書目，雖然都收入子部。不過漢志農家所收入的書，都是君民並耕而治，有爲神農之言者許行的那一套說法，所以成爲九流十家中的一個角色了。到了隋志便十不存一，而代以齊民要術之類，內容是耕種、養殖、農產品加工，全是技術性的。用現在的說法，漢志農家的書，是社會科學；隋志以下，便是應用科學了。招牌依舊，骨子裏都變了。不過總還不出廣義的農家這一範疇，隋志併漢志的方技入諸子，所以農家類雖脫胎換骨，還沒有問題。藝文略農家，不收漢志的書，而採隋志，又把方技性的天文曆算和醫方從諸子略剔出，則名實不相應。

還有類目名稱欠妥。藝文略的類、家兩級名稱，多係沿用各家書目。至於第三級的種名，有些是複分表，如經類各家。有的按時代分，僅列朝代卽可。也有仍是沿用舊目。

編年家下在兩漢前有古魏史一目，僅收紀年十四卷一部書。圖書分類，宜籠罩全局，不能因爲漢以前的編年史僅有紀年，便用古魏史這一特稱，如果再發現其他國的史書，豈不是又要再立一子目？且古魏史和漢以後全以朝代爲次的，也不相應。

陸　藝文略對史志的取捨

現在就諸子類的法家，分析藝文略所收各書的來源。方式是取隋志、崇文目、新唐志、宋志和藝文略列表對照。沒有取漢志，是因爲藝文略法家不收漢志的書，而祇收到隋志也著錄漢志中所有的書。表中的數字，是在各家書目中的順序。表中未能表示的，另加說明於後。

	隋志	崇文	新唐	宋志	通志
管子十九卷	一	一	一	一	一
商君書五卷	二	四	二	二	五
申子三卷	三		四		
愼子十卷	四	五	三	三	六
韓子二十卷	五	六	五	四	七
鼂氏新書三卷	六		六		八
正論六卷	七		八		九
法論十卷	八		一一		一二
政論五卷	九		九		一〇
阮子正論五卷	一〇		一〇		一一
世要論十二卷	一一		一二		一三
陳子要言十四卷	一二		一三		一四
蔡司徒難論五卷	一三				

崇文總目				
管子十九卷尹知章注	二	一六	五	二
管氏指略二卷	三	一八	六	四
新唐書藝文志				
董仲舒春秋決獄十卷		七	八	
李文博治道集十卷		一四	九	一五
邯鄲綽五經折疑三十卷		一五		
尹知章注韓子卷亡		一七		(七)
李敬玄正論三卷		一九		一六
宋史藝文志				
丁度管子要略五篇卷亡			七	
張去華大政要錄三卷		一〇		
通志藝文略				
管子二十卷唐房玄齡撰				三

藝文略還有些附注，表中略去，其中有需要說明的，分述於下：

一、崇文總目管子條下，天一閣鈔本有原釋「劉向敍校。」通志也予以引用，而上加「漢」字。卷數也和崇文總目相同。這一條可看做引用自崇文總目。不過著者則從隋志。

宋志作二十四卷，不一定是錯的。因爲玉海引館閣書目、衢晁志和陳錄，都作二十四卷，日本國見在書目則作二十一卷。可知唐、宋時管子卷數不一，其中有二十四卷本。通志則未加理會。

二、愼子通志所注篇卷，不夠簡明。所云「舊有十卷。」當卽指隋唐志的十卷。後來又加注「漢有四十二篇。」再看隋唐志是十卷，却不知和先注的舊有十卷是一回事，因而重出。至於說今亡九卷，三十七篇，按漢隋志的順序，宜注成今亡三十七篇，九卷。更簡明的注法，是今存五篇，一卷。亡佚的篇卷，見漢志考證引中興書目，鄭樵注當係據崇文目而未注明。輯崇文總目的錢侗，和輯中興館閣書目的趙士煒，因而不知引證通志略，祇好對陳錄所引的崇文總目缺文，做一些疑測之詞。看來有些書不但應釋，還不宜偸工減料。而兩唐志和意林有愼子滕輔注，通志未收。

三、藝文略「韓子二十卷（韓非撰，唐有尹知章注，今亡。）」注得失於含混不淸。韓非所撰的二十卷，源自隋志，崇文因之，新唐志別有「尹知章注管子三十卷」，宋志也另一條，惟作十九卷。通志也應當如管子分白文和尹注本爲兩條，且注明卷數異同。

四、管子尹知章注，宋志十九卷，通志同。然新唐志三十卷，通志因而注「舊有三十卷」，何不逕云新唐志，豈不簡潔明白。

五、尹知章注韓子，新唐志次於尹注管子後，而作「又注韓子」，正坐「不類書而類人」之失。通志分別次於管子、韓子之後，實現鄭樵「不類人而類書」的主張。可是韓子却把尹注和白文合併成一條，其缺失已見上文三、韓子條。

六、藝文略有「管子二十卷，唐房玄齡撰」，兩唐志、宋志、崇文總目均未見著錄，然晁志、陳錄均有，而有疑詞。

上面這一取樣，涵蓋自然不夠周延，然而限於篇幅，未能多所取材。不過還是可以看出一些藝文略著錄的義例：

一、書名和著者多採自隋志，也許因爲是最早，而且隋志對著者在姓名之外，還加上時代和官名，鄭樵當認爲這是書有應釋的部分。

二、卷數則多同於較新的崇文目、新唐志或據宋國史藝文志編成的宋志。

三、各家書目異同，間加注明，不過很少，有些地方頗爲重要，也不予注出。應釋而不釋，不符合他的校讎原則。

四、史志所載，並不照單全收，也有刪削。如申子，漢志、隋志和兩唐志都收，却加刪除。隋志以下，更不消說了。取捨之間，自然有他的原則，却未在校讎略中說明，從藝文略中也不易歸納出來。

五、藝文略的編撰，不是一氣呵成的。而是屢經增刪改易的。

六、傳鈔刊行時，又勢所難免的增加了一些改動和脫誤。

藝文、校讎二略常提到的四庫書目，是宋代而非唐代，我另有考證。

柒　藝文略與私家藏書

鄭樵所利用的宋代官修書目，似僅限於崇文總目和四庫書目。至於宋初的史館書目等，不僅爲鄭樵所未見，從藝文略未載來看，他甚至不知這些書目。這些秘府書目，外間也許不易見到。可是北宋時所修的三朝國史、兩朝國史，則流傳稍廣，和鄭樵同時而稍晚的晁公武，便記於郡齋讀書志中，可是也不見於校讎略和藝文略。

宋代私家藏書也很多，有的不減秘府，可是藝文略目錄類僅收家藏總目十五部，宋人部分祇有十一部。頗著盛名的宋綬、榮王宗綽、董逌等的藏目，都未見著錄。其實所著錄的十五部中，他能見到的則很少，藝文略僅在易家有「周易稽頤圖三卷（荆州田家書目）。」校讎略對田氏書目引證稍多，又提到漳州吳氏的藏書，似卽藝文略的漳浦吳氏藏書目的編者。又和州沈氏，似卽藝文略所載沈諫議書目的沈立。而望壺樓方氏，似卽莆田方漸，重和元年（一一一八）進士，和鄭樵同時同里。

校讎略所記私家收藏的情形，摘記於下：

收書之多論：「臣嘗見鄉人方氏望壺樓書籍頗多，問其家，乃云先人守無爲軍日，就一道士傳之，尚不能盡其書也，如唐人文集無不備。又嘗見浮屠慧邃收古人簡牘，宋朝自開國至崇觀間，凡是名臣及高僧筆迹無不傳。」

亡書出於民間論：「古之書籍，有上代所無，而出於今民間者：古文尚書音，唐世與宋朝並無，今出於漳州之吳氏。陸機正訓，隋唐二志並無，今出於荆州之田氏。三墳自是一種古書，至熙豐間始出於野堂村校。按漳州吳氏書目，算術一家有數件古書，皆三館四庫所無者，臣已收入求書類矣。又師春二卷、甘氏星經三卷、漢官典義十卷、京房易鈔一卷，今世之所傳者，皆出吳氏。」

求書之道有八論：「錢氏慶系圖，可求於忠懿王之家。章氏家譜，可求於申公之後。黃君俞書關言雖亡，君俞之家在興化。王棐春秋講義雖亡，棐之家在臨漳。徐寅文賦，今莆田有之，以其家在莆田。潘佑文集，今長樂有之，以其後居長樂。如此之類，可因家以求。」

又：「書不存於秘府，而出於民間者甚多。如漳州吳氏，其家甚微，其官甚卑。然一生文字間，至老不休，故所得之書，多蓬山所無者。兼藏書之家，例有兩目錄。所以示人者，未嘗載異書，若非與人盡誠盡禮，彼肯出其所秘乎？」

又：「鄉人李氏，曾守和州，其家或有沈氏之書。前年所進褚方回清慎帖，蒙賜百匹兩，此則沈家舊物也。鄉人陳氏，嘗爲湖北監司，其家或有田氏之書。臣見其有荆州田氏目錄。若迹其官守，知所由來容或有焉。」

上文所提到的幾家藏書和書目，多集中在福建，甚至接近莆田。和州沈氏，也是透過鄉人李氏才知道。而且也只是見李氏有田氏書目，並未說予以傳鈔或鄭樵也持有。固然到了南宋初年，政治和文化中心都南移，福建刻書既盛，藏書家也漸多，(注三)可是鄭樵的接觸面實在很是有限。

其實從另一角度看，鄭樵訪書也夠辛勤的，如校讎略所記，經由方氏，得見道士所藏唐人文集，浮屠慧遂所收的簡牘。忠懿王、黃君俞……等遺著，當是得之傳聞，或曾見到過。藏書家有兩目錄，鄭樵必曾「與人盡誠盡禮」才能看到出其所秘，載有異書的目錄。才能說出這一番甘苦之言。

事實上鄭樵對他所用過的書，並沒有全都著錄在藝文略中。如氏族略云：「後魏河南官氏志，為姓氏家所宗。」又引姓氏英賢傳，藝文略譜系家便沒有這兩部書。又複姓苑在藝文略中，未著撰人姓名，而氏族略則云晉傳餘頠撰。這不一定出於疏忽，而是他的著述太多，難以照應周全。如細查鄭樵的著述，一定還會找到更多這一類的例子。

總之，藝文略所依據的材料，主要是隋志、新唐志、崇文總目，再就是漢志、四庫書目，以及一些私家書目，和他知見所及。他自己也是一位藏書家，不過數量不豐，所能採用自然更有限。

藝文略中很少有未見於其他書目的書，又失於顛倒錯亂。不注明出處，甚且同一部書的書名、卷數、著者等項，來源不一。所以很受後人批評，而不願採用。

捌　藝文略著錄的失誤

焦志五卷，類目和書目多採自通志藝文略。而附錄的糾繆，則訂正漢志到馬考各公私書目九種的錯誤，其中也有藝文略，計二十條，多係指摘分類出入，或誤為兩出的。其書習見，也為人所習知。

清章學誠撰校讎通義，其第六節為補鄭，十一節為鄭樵誤校漢志。其他各節，論及鄭樵的地方也很多，不過多是討論其校讎略，而少涉及藝文略。

清末以來的目錄學者，在校讎略外，也常討論到藝文略的失誤。如姚振宗的隋書經籍志考證春秋類的春秋經傳說例疑隱條，引藝文略：「梁吳略撰。」而隋志說吳略「始末未詳。」兩唐志都未標朝代。姚氏按云：「此稱梁吳略者，果是梁人歟？抑以其見於梁七錄也？」

又譜系類王司空新集諸州譜條引藝文略：「司空王儉撰。」姚氏考齊書、任彥昇撰王文憲集序，南史，儉未嘗爲司空，而認爲鄭樵「殆意爲之說。疑是王僧虔，儉之叔父也。」

又諸姓譜條引藝文略：「梁司空王儉撰。」姚氏考「儉卒於齊武帝永明七年……，何由爲梁之司空乎？此其自欺欺人之言也。」

又雜家類博覽條，案引藝文略據隋志載十三卷本，又從新唐志錄十五卷本。實則卷數分合多寡，則傳本不同。寫刊之誤又恒有。鄭氏不究此例，往往有此重複。疑誤後學，毋爲所淆也。

所以在後序中總結說：「藝文略紕繆多端，不能辨隋唐三志之異同，故類多重複，疑誤後學。與高似孫子略，皆顏監所謂意浮功淺，流俗短書。唯關於考證者，間一及之。」評價很低。

劉咸炘續校讎通義糾鄭第九

樵書每類分門，門分細目，最爲繁詳。然參差碎雜之處不可悉數，約言其繆，凡有三端：

一曰重複，如諸經中此爲論說，彼又爲統說；此爲問難，彼復爲問難。既有章句訓詁，復有義訓；既有論難，復有辨正。書有逸篇，又有逸書；傳記有冥異，復有祥異；道家既有論，又有書；天文有天文，復有天象。

> 二曰大小不倫，詳略不均，國語章句一部而別立一目，可謂詳矣。而春秋則五家傳注、三傳義疏之外，一切注說統名爲傳論。禮記有疏無注，於記文下注曰『注附』，又何略也。詩類小學與音幷立，(注四)地理類郡邑與圖經並立。儀注門中既分吉賓軍嘉，又有禮儀一目，則總目也。
>
> 三曰妄立不通，如諸經各附讖緯，而詩類獨名爲緯。仿爾雅者名曰雜爾雅，釋俗語稱謂之書曰釋言。檄與露布稱爲軍書，皆不甚安。通古書名曰紀錄，何以見其爲通；刑法中官法書名曰法守，何以見其爲官。
>
> 樵既昌言類例，乃疏謬如此，何邪？細審之則知其書乃鈔合隋唐志而成。而其分子目惟恃望文立名之一法，故其誤如是。樵所詆之看名不看書者，已實躬蹈之，而且盡其謬焉。……乃其所分，不過繙閱隋志，見其書名連篇相類者而劃之。至其書名不可於書名求者，則又不能會其相類之意而强以分目，或一二書亦分目焉。學者取隋、舊二志與此目並觀，可知其妄矣。

通志藝文略的編次無方，另一因素是鄭樵在編撰過程中，也常加改易。如地理家下列塔寺這一種名，可是書目中却沒有，這一有目無書的情形，不能全用疏失來解釋。因爲在釋家下，收了塔寺的書十部。這應當是鄭樵先把十部書分入地理，後來又覺得宜入釋家。因爲釋家下目錄、傳記等，都不入史類，那麼塔寺也不宜入地理。書目中移出這一種十部，却忘了把地理家之下的種名也刪去，所以留下這一遺痕。

玖　板　本

通志最早刋於元至治二年（一三二二）福州三山郡庠，惟其中宋朝字樣初印本係由本朝挖改，疑係宋代所刋未成，元人刋足印行，今中央圖書館等收藏多部。二十略在宋代已單行，見馬考、玉海，明陳宗夔曾刋行。

商務印書館編印十通，收有通志，據淸末浙江刋本影印。新興書局又多次重印。

二十略有四部備要本，分兩欄。世界書局印本則分三欄。

藝文略無單行本。

拾　結　語

鄭樵爲了貫澈他修史要能會通，校讎要能做到「類例旣分，學術自明。」所以編藝文略。可是他所見到的材料，只是幾種史志和私家藏目。這些書當時多已亡佚，卽使仍存在的，也因偏處一隅，交遊不夠廣濶，所以在「見名不見書」的情形下，依照書名，酌加類次。要是他能如玉海一一注明來原，便於後人覆按，也還可供考證取材，不失史家例法。他計不及此，所以珠沙雜陳，序次失當，後人便無從利用，也就置之不理了。

而且他所據的書目也很有限，譬如釋家，下分傳記、塔寺等十目，而未收最重要的經、論。輕重倒置，很可能因爲他沒有佛藏書目可供鈔錄。焦竑的國史經籍志，雖說是鈔自藝文略的，釋家類分做經、律、論、義疏、偈、雜、傳記、塔寺等九目，便整齊有法。雖說藝文略的重點，不在所收的書，而在以所創的一套分類體系，來序次這些書。尤其是不依四部而分十二大類，在傳統的二級分類法下，多增一級。其實十二大類仍脫胎於四部，而漢、隋等史志，類目雖是兩級，仍再暗分第三級以至第四級、五級，且比藝文略平頭又齊頭，要有彈性。

〔附　注〕

注一　見夾漈遺稿卷一。

注二　見顧頡剛通志二十略取材表。

注三　參考潘美月宋代藏書家考。

注四　按藝文略詩類無小學，書類有，劉氏偶誤。

注五　修補本則逕行改本字作宋，且可由此做分別原板或補板之參考。或以爲稱宋朝以別於劉宋，未可從。

第四節　通考經籍考

文獻通考三四八卷，元馬端臨撰。其中卷一七四至二四九爲經籍考凡七十六卷。

壹　馬端臨傳畧

馬端臨，字貴與，號竹洲；饒州樂平人。父廷鸞，宋咸淳中官右丞相，嘗建碧梧精舍，積書連楹。端臨寢饋其中，效袁峻課鈔經史，日五十紙。晨昏質問，默誦沈思，夜以繼日，學大進。時休寧曹涇精詣朱子學，端臨從之遊，師承有自。咸淳八年（一二七二），年十九，以郊恩補承事郎。明年，漕試第一。

會廷鸞與賈似道不合，引疾歸，端臨遂侍親疾不復與計偕，家居，門弟子甚衆，有所論辯，吐言如湧泉，聞者必有所得而返。宋亡，元召用，宋丞相留夢炎仕元爲吏部尙書，嘗與廷鸞在宋同朝，相友善，使求端臨出身文書，以親疾力辭。其侍疾未嘗脫冠帶，手調湯藥惟謹。廷鸞卒於元世祖至元二十六年（一二八九），距宋亡十餘年。服闋，稍起爲學官。至元間，歷任慈湖、衢州路柯山兩書院山長。

端臨旣博極羣書，又留心經世之務。顧自以宋相子，恥北面他姓。懷寶藏器，不獲見諸施行。乃因唐杜佑通典，增廣其門類，訂補其訛缺，接續其後事，撰文獻通考，閱二十餘年而後成書。貫穿古今，該博過於通典。考古君子及治世者胥賴之。又有大學集傳一卷、多識錄一百五十三卷。

至治二年（一三二二）札請端臨親携通考定本至饒州路校刊板行，時年已七十，後終於家。（注一）

貳　編纂旨越

通考的總序除總論外，對各考都有一段小序，今節其經籍部分如下：

夫書之傳者已鮮，傳而能蓄者加鮮，蓄而能閱者，尤加鮮焉。宋皇祐時命名儒王堯臣等作崇文總目，記館閣所儲之書，而論列於其下方，然止及經史，而亦多缺畧，子集則但有其名目而已。近世昭德晁氏公武有讀書志，直齋陳氏振孫有書錄解題，皆聚其家藏之書而評之。今所錄先以四代史志列其目，其存於近世可考者，則採諸家書目所評，並旁搜史傳、文集、雜說、詩話，凡議論所及，可以紀其著作之本末，考其流傳之眞僞，訂其文理之純駁者，則具載焉。俾覽之者如入羣玉之府而閱木天之藏。不特有其書者稍加研窮，即可以洞究旨趣；雖無其書，味茲品題，亦可粗窺端倪。蓋殫見洽聞之一也。

叁　著錄情形

經籍考共收書四〇二五種。所錄多出自陳、晁二志和崇文總目，爲這三目所無的，僅一五六種，不到百分之四。這一百多種書，有爲宋志著錄的，可以相參證。有未經著錄，可做補宋志的資料。馬氏增補，也經過一番蒐集和選擇。如王氏深父、子直、容季三兄弟文集後有按語：

按侯官三王之文，蓋宗師歐公者也。其大家正氣，常與曹蘇相上下，故南豐推服其文而深患其早世。然晁陳二家書錄並不收入。四朝國史藝文志僅有王深父集二十卷，則止有曾序所言之半，而子直、容季之文無傳焉，亦不能知其卷帙之多少，可惜也。

今宋志著錄王回集二十卷，當卽依據四朝志。在經籍考中且曾徵引。至於子直、容季兩集，馬氏已明言無傳，從而可知其所錄序跋，或出自撰序人的文集，而非出自原書，且原書不必是當時所存。

肆　體　裁

經籍考有解題，而不像別錄、七略以至崇文總目出於自撰。是彙輯羣書，在史乘書目中可說另闢門徑。其體例是：

一、各類先有緒論，有如漢、隋二志的小序，事實上也頗徵引漢、隋二志的小序，並間有馬氏按語。

二、迻錄漢志、隋志、兩唐志、宋代國史志本類所收的家數，部數和卷數。

三、各書先著書名卷數，再徵引各家成說，最多的是陳振孫的直齋書錄解題，次多是晁公武的郡齋讀書志，依次是崇文總目，宋各朝國史藝文志，自序或各家序跋，史傳、文集、筆記等。多依時代先後排，不過例外的情形也不少。最後間有馬氏的按語。

四、所收的書，以採自陳振孫的最多，晁公武的次之，崇文總目又次之。其他間採宋國史志等，爲數不多。

馬氏主要依據的三種書目，崇文總目成於北宋中葉，是官修的。晁志成於南渡之初，陳錄成於南宋末年，都是私家書目，在時間上，這三種書目前後相承，再加上依據宋代國史志、史傳、文集等增補的一百五十六種文獻（注二）。組成了相當完整的有宋一代的書目。

正史因體裁所限，不得不對所據的秘府書目，如七略、古今書錄等，删去敍釋文字。至於通考這類史籍，彈性和容量較大，如果早些出現，應可保存不少目錄學上重要的文獻。彙錄序跋編成書目，雖說梁僧佑的出三藏記集、唐釋智深的開元釋教錄已有成例在先。而釋教經錄，一般人很少留意。馬氏是襲用或是自創，姑且不論，不過這種體裁一出，在編撰書目上大開方便之門。淸人的經義考、小學考、溫州經籍志等，以及近人的僞書通考等都採用這一方式，應受馬氏的影響較多。通代書目，著錄的書必多，如果再撰解題，在人力和時間上，必然要多而久。迻錄成說，雖也要費些搜集、選擇、考訂、排比的工夫，總要方便多了。

伍　各家批評

經籍考引書，每有改易。加上刋行時款式錯亂，如不審察，每易爲其所誤。盧文弨羣書校，訂正其脫漏、重出、誤乙、錯誤等二百多處。王先謙編校晁志，每引證馬考，偶而也補正脫誤，評論優劣。余嘉錫撰四庫提要辨證，對提要引用馬考失當處，每有極嚴正批評，有時也論及馬考本身。筆者對馬考常加利用，並編有詳目，所以也發現其中若干疏失。今綜合各家所論，對經籍考的分析，略述於下：

一、書名、卷數，如晁、陳並引，多從晁氏，不過也有不少例外。

二、所引各家書志、序跋等，不一定是按先後順序，甚至也沒有其他次序可言。

了。

三、所引晁氏曰、陳氏曰，每有脫誤，四庫總目不知核對原書，因而跟着錯，甚至馬氏不誤的也錯了。

四、所引晁氏曰，係根據衢本，且不錄趙希弁的附志。偶有和衢本不同而和袁本相合的地方，或係他人所改，不足成爲馬氏也用袁本的證據。

五、所引晁氏曰，每於末句闌入馬氏所改寫的陳志。

六、所引陳氏曰，每有合陳志的兩條或多條，删併爲一條的。

七、後人校訂晁、陳、馬三家書，或有相互校補的地方，偶而也互相闌入。

八、馬考因刋行時率意改易行款，致產生不少錯誤。

如果知道馬考的缺失，利用起來，才不致爲其所誤。

陸　分　類

經籍考分類，多從晁志衢本。晁志所無各書，多從陳錄。然也有捨晁志而從陳錄，甚至同一書晁、陳分類有異，而兩類重出。或馬氏自有主張，不從各家書目。頭緒紛亂，不易分析。焦竑國史經籍志糾繆，列舉分類之失和重出共二十六則。四庫提要、盧文弨也偶有論及，加上其他書目、筆記、文集中的零星資料，散見各處，不便查閱。筆者曾加以彙集批校，並記於詳目中。

柒　詳目

經籍考收書四千多種，每一書又引證多項資料，不便查閱。筆者因編一詳目，每書除記書名、卷數、著者外，並就其在各類中順序，編一號碼。再列舉所引用資料。對晁、陳二志，並注明在原書類別和順序，晁志有袁、衢二本，也分別注明。書名、卷數、著者、釋敍文字，如有不同，也分別注明。

另外又校正王先謙本晁志的目錄，新編陳錄的目錄，每類所收各書，也各編一序碼。如爲經籍考所引證，也注明所收入的類別和順序。如有增删，也予注出。

有些書馬、晁、陳三目都有，然馬考未徵引晁陳，或晁陳有而馬考未著錄，都分別列表。如此對三種書目的關係，全行瞭然，如要互相參證，也後方便。最好有一綜合索引，更便於檢查。

捌　對經籍考的利用

經籍考雖是彙輯百餘種資料而成，其中原書亡佚的已不少，可資輯佚。今存的也可供校勘。而且薈集羣書，也便於查閱。所以常爲各家利用。

永樂大典除全抄陳錄外（晁志應也鈔入），每於各書下徵引馬考，可說採雙軌制。

古今圖書集成祇引經籍考而不知分別引用晁志和陳錄，一方面貪圖省事。再則當時晁陳二志也不習見。

四庫全書總目常引用馬考，而殫於查核晁、陳二志。甚至說是引用晁、陳二家說，而實係自通考轉錄。

鄭堂讀書記、漢書藝文志條理、四庫提要辨正、四庫總目補志等，多逕引通考，而核對提要所錄和原志間的差異。尤其是余嘉錫氏，更是核對得細入毫芒，因而能發現錯誤，加以糾正。

四庫全書中陳錄，鈔自永樂大典，而引證馬考達二百七十一次。王先謙編校晁志，也常加引證，其中卷十九衢本缺一〇六條又半，便用馬考補入。錢侗等撰崇文總目輯釋，趙士煒輯館閣書目、國史藝文志，也頗取材於馬考。而所徵引李燾、馬廷鸞等論述文字，可供研討各家學術參考。

我們利用經籍考，最好能核對所引的原書，那麼直接利用原書，豈不更好。可是通考所引，又偶有保存原書面目，未經後人改動。再則所引崇文總目等，爲淸人輯本所據，反成第一手材料，所以余嘉錫等引用崇文總目爲通考或玉海所引時，每不據輯本，其故在此。

通考分類，雖多本晁志等，而又略有出入，這也不是晁志等所能取代的。通考所引各書，每有刪節，所刪有些是無用的浮詞，我們不能用通考校原書，說那些文字爲馬氏所刪，這都是通考經籍考不可相信，而又不可全廢的緣由。以經籍考爲例，不可相信轉手的材料。祇要第一手料還在，類書體的文獻，不妨當做索引。

玖　對後世的影響

明王圻有續文獻通考。清乾隆時修續三通和皇朝三通，其中都有通考。民初劉錦藻修續清通考，體例都仿馬氏原書，經籍考部分，因資料所限，遠不能如馬書，分類則大同而小有差異，不足論。惟劉書因嘉業堂富於藏書，取材既廣，也知去取。

至於經義考、小學考、史籍考、書畫書錄解題、溫州經籍志，以至愛日精廬藏書志、僞書通考等，在體例上都仿效經籍考，彙集各種文獻，加以排比，並酌加按語。今後這一體裁的書目還會陸續出現，可說都是經籍考開先例。

拾　板本

文獻通考在元代有泰定元年（一三二四）西湖書院刋本，（注三）中央圖書館、故宮博物院都有多部藏本，有的經元明遞修，因爲卷數較多，未曾影印。明、淸兩代，多次刋行。又收入四庫全書和薈要，則有近年影印本。抗戰前商務印書館編印十通，據淸末浙江書局刋本影印，近年又經新興書局多次重印。又曾摘出四種經籍考，編爲歷代經籍考別行。

經籍考七十六卷，有明弘治九年（一四九六）刋單行本，校刋不精，流傳也不廣。去年新文豐出版社據大陸的排校本重印。卷首說用殿本爲底本，以元刋本，明刋單行本，和其他各本參校。然每卷所校僅寥寥數條，可資考證的更少。而如盧文弨等所校，全未採用。且擧兩個嚴重脫誤的例子。卷十六說文解字繫傳條，引陳氏曰和巽巖李氏序。李序本係所作說文五音韻序，通考脫去標題，於是誤屬繫傳。刋本陳氏曰恰至行末，李序另行，已不易分別。排校本李序接續陳氏曰（注四），更無跡可尋。又如卷六十陳黯文集後，刋本脫去所引晁氏曰云云及劉綺莊歌詩標題，遂誤合劉集所引晁曰於陳集標題後。這兩項脫誤，元刋本已是如此，後來刋本，相仍不改。四庫提要知其誤而不知用以校正通考。盧氏校補所指無人過問。大陸排校古書，固有可取的，而這部經籍考實多疏略。

不過排校本字大，每書標題更大一號，且佔兩行，又加新式標點，不無可取。筆者取各家校訂評論文字，記於各條。如與所編詳目合印，不妨說是經籍考第一善本。

〔附　注〕

注一　據清王棻柔橋文鈔補元史馬端臨傳，並參考宋元學案、元史類編等。

注二　筆者從所編詳目中統計，包括所引書名、和僅記姓名字號，其中不免有重出的。

注三　原刋本已不傳，今傳各本均經後至元五年（一三三九）余謙修補。

注四　排校本應提行而未提行處不少，足見編校都有疏忽。

第五節　玉海藝文部

玉海二百卷，宋王應麟撰。其中卷三十五至六十三爲藝文部，凡二十九卷。各家討論玉海時常作二十八卷，偶誤。唐宋以來的類書，不乏記圖書典故的藝文，而極少有記圖書目錄的藝文。宋章俊卿山堂考索，頗記圖書目錄，所引用館閣書目佚文，多到二百餘條。也偶有崇文總目逸文，又史志和公私書目。然而沒有史裁可言，所以不爲世所重。而玉海則姚振宗撰隋志考證時，以其「區分類別，事事徵實，賴以觸發者尤多。」（注一）

壹　撰人

王應麟，字伯厚，號厚齋，晚號深寧叟，世居開封之祥符，所以宋亡自稱浚儀遺民，曾祖父始遷居慶元府鄞縣。

九歲通六經，淳祐元年（一二四一）進士，從王埜受學，調西安主簿。鑒於當時學舉子業，沽名釣譽，登第後便委棄一切，對制度典故都不留意，這不是國家所期望於通儒的。於是閉門發奮，要以實學在博學宏辭科求表現，借館閣藏書來讀，援據淵洽的玉海二百卷，便在這時編成初稿。寶祐四年（一二五六）果然中選。由楊州學教授添差浙西安撫司幹辦公事。充進士覆考檢點試卷官，理宗欲把第七卷改置第一，應麟讀畢說：「是卷古誼若龜鑑，忠肝如鐵石，臣敢爲得人賀。」到了唱名，竟是文天祥。官至吏部尚書。宋亡不仕，隱居教授。貞元二年（一二九六）卒，年七十五。先期自撰墓銘，又有浚儀遺民自誌。自稱「性謹慤寡慾，介直少通，不苟同流俗也。立朝恬靜，涖官公勤，處家簡儉，治郡潔己愛民，守先訓也。再入翰苑，三入掖垣，制稿凡四十五卷，才弱文不逮古也。嗜學老不倦，爲困學紀聞。

彙次之書，有詩考、漢藝文志考證等。」

呂美雀撰王應麟著述考（注二）據史傳、方志、各家書目等，考得應麟的著述三十種，今存十六種，多附刻於玉海。又疑是僞託的八種。呂氏又考得應麟在學術上是朱熹一系，而不是全祖望所說，是呂祖謙系大宗。全、呂二氏所論，都是就學術的承傳以論應麟，如果就其本身的學術，可說博通經史，嫻於文辭，至於朱陸之學，則不甚措意。這從他的著述中可以看出來。在他可以考知的三十種著述中，經部佔十一種、史部六種、集部七種。子部雖也有七種，然都是蒙訓和類書。其最博的玉海，全書兩百卷，僅藝文部有一卷是諸子，記載先秦諸子的著述。兩漢以後則從闕，不像其他門類從先秦到南宋，古今俱備。最精的困學紀聞，凡二十卷，其卷一至八，羣經、小學。卷九，天道、歷數。卷十，地理、諸子。卷十一至十六，考史。卷十七至十九，詩文。卷二十，雜識。從而可知。

貳　玉海的內容

玉海是纂輯的類書，却很受推重。如四庫總目卷一三五玉海提要說：

是書分天文、律憲、地理、帝學、聖文、詔令、禮儀、車服、器用、郊祀、音樂、學校、選擧、官制、兵制、朝貢、宮室、食貨、兵捷、祥符，二十一門，每門各分子目，凡二百四十餘類。（注三）宋自紹聖置宏辭科，大觀改辭學兼茂科，至紹興而定爲博學宏辭之名，重立試格。於是南宋一代通儒碩學，多由是出，最號得人，而應麟尤爲博洽。其作此書，即爲詞科應用而設，故臚

> 列條目，率鉅典鴻章，其採錄故實，亦皆吉祥善事，與他類書體例廻殊。然所引自經史子集，百家傳記，無不賅具。而宋一代之掌故，率本諸實錄國史日歷，尤多後來史志所未詳。其貫串奧博，唐宋諸大類書，未有能過之者。何焯評點困學紀聞，動以詞科詆應麟，故爲大言，不足信也。

指出玉海在編製方面和取材的特色，特別提到何焯以詞科詆困學紀聞爲不足信的大言，實在也是肯定了玉海在考訂方面的成就，並不是像一般唐宋人所編的類書，以尋章摘句爲能事。其所徵引的實錄、國史和日歷，既是後來的史志（似指元人修的宋史）所未詳，比起北宋官修的册府元龜，還要有價值。提要僅就史料論玉海，而玉海還具有史裁，今先就玉海在目錄學上的價值，也就是作爲一部書目來看，加以論述。

玉海二百卷，藝文部計二十九卷，其他各部中有書目資料的還有九十九卷，（注四）而如卷六十六詔令、卷六十九禮儀的資料很多，卷十七至二十四地理則很少。這些書目資料夾雜在其他文字當中，利用其來很不方便，甚至有些人根本不加注意。今將玉海中的各部類的書目資料，依經史子集順序，分述於下：

樂類，見卷一〇五、一〇六音樂部。

職官類，見卷一六三—一六八，一七八—一八〇官制部。儀注類見卷一〇〇—一一〇禮儀部。刑法類見卷六四—六七詔令部。傳記類分見卷五十七、五十八記、志、傳諸目。地理類見卷一四—二五地理部。圖譜散見各類，卷五〇、五一又有譜牒、玉牒圖譜二類。時令類見卷十二律歷部時令類。詔令奏議類見卷六一藝文部奏疏策類及卷六四詔令部詔策類。食貨類見卷一七八—一八一、一八五、一八六食貨部。

藝文部諸子類收先秦諸子，兩漢以降立著書一類。至於漢志數術、方技兩略，則分見其他各部類。玉海首五卷爲天文部，收關於歷代天文書目資料甚多。卷六三藝文部藝術類專收數術、醫藥資料。而書法見卷四五小學類，卷五六、五七圖類所收是圖譜之圖，而不涉及繪畫。卷六十二藝文部有經類，收黃帝四經至清化經八部神仙家書，而不收釋家書。

楚辭類、文史類入卷五四總集文章類，同崇文總目。然卷五七至六二則以文體分記、志……贊、經等十四類。

所以如此分類，因爲是類書，而且是與其他類書體例不同的類書。王重民曾加以說明：王應麟爲了應博學鴻詞的考試，在讀書時做了很多「編題」，編玉海時，是把歷史文獻和圖書目錄綜合編題的。所以要看玉海中藝文的全部資料，還得看藝文以外各個大小部類中關於圖書的編題。而藝文部固然以圖書目錄爲主，但也夾入了一些與圖書目錄有關的歷史文獻，如卷五十五的賜書。而如卷四十一「續春秋」，注明又見編年，收錄了春秋經傳以外一些書名中有春秋字樣的編年史，也就是兼採書名的形式分類。

叁　體　製

一般書目在子目下都是以每一部書爲著錄單位，玉海則以編題爲著錄單位，一個編題可以只含一部書，如卷五十二的慶曆崇文總目，也可以含多部以至一組書，如卷五十二的唐十九家目錄。走向主題目錄的組織形式，爲編目法開闢了新方向。（注五）

其排列資料，大多引書，也有記事的，如卷五十二書目類中，多記歷代藏書情形。其所引資料，時有增補刪節，而在不同編題，對同一書，同一事，所引資料，不僅詳略不一，而且會有出入，或出處不一。綜其義例有：一、考訂篇卷。二、考述作者生平。三、記敍著述由來。四、曾經進呈各書，詳述進呈經過和年月日。五、論書的大旨和得失。六、記板刻情形，特別是監本。七、載序跋。八、如係佚書略記後世徵引情形。九、說明學術變遷。十、史志等著錄情形。十一、相關的遺聞逸事。十二、相關的詞章。（注六）如意有未足，應麟另加按語。

肆　小　序

玉海各部類，多有小序，藝文部凡四十則：除了易、書兩類小序，全錄自隋志。詩類前半節自漢志，後半節自隋志外。還有些類明言是錄自他書的，計有：春秋類，節錄杜預、范甯、何休、胡安國四家序文。小學類，錄自歐陽修。記注類，節錄中蠶和隋志。論史類，節錄韓愈說。譜牒類，節錄鄭樵氏族略和大傳正義。諸子類，錄歐陽修和文心雕龍。傳類，節錄尚書注和史記索隱。詩歌類，節錄詩大序和朱子說。賦類，節錄文章流別論。箴類，節錄胡廣說。其他沒有明說轉錄他書的，也可能有不是出於自撰的，而其出處不易查考。賜書、圖、經（黃帝陰符經至清化經等十種）三目，沒有小序。

這些「小序」，多能辨章學術，考鏡源流。雖文字多很簡短，然隋志以後，以一部類書而能爲各門類撰小序的，也就很難得了。其中有些需加說明的：三禮述編纂傳授情形，經解和總六經述歷代羣經內涵的沿變。小學述分訓詁、偏旁、音韻、字書（書法）四子目。正史述其在歷代史志中的部類沿變。並和編年作一比較。書目正歐陽修說四部分類始於唐開元是錯的，應是起於荀勗。

玉海除在各門類前有一段「小序」外，在各門類之末，多有一些總論性質的文子，有些是轉錄他書的，有的則未標明，當有些出於自撰的。其目的似在供詞章採錄，而有些也頗能辨章學術，考鏡源流。如易類加以貫串，有如一篇易學略說。諸子類節錄呂覽、尸子、荀子等，以說明各家學說的特色。類書類：藝文類聚，會粹小說，則失之雜；羣書理要，事止興衰，則病乎簡。修文御覽，門目紛錯，又不足觀矣。批評各種類書，從而可見其自負如何。

這些文字，就目錄學的角度來看，高下不一。有些沒有甚麼用，有些又太冗長，可是治流略的人，也宜加以注意。

伍 分 類

玉海藝文部分類，大致採用四部，而又參考了漢志和七志。

經部一、易（附擬易）。二、書。三、詩。四、三禮。五、春秋。六、續春秋。七、論語。八、孝經。九、孟子。十、經解・總六經。十一、讎正五經・石經。十二、小學。

史部一、古史。二、正史。三、雜史。四、編年。五、實錄。六、記注。七、政要寶訓（聖政附）。八、論史。九、譜牒。十、玉牒圖譜。十一、典故（會要）。十二、書目（藏書）。

子部　諸子（又見著書等類）。

集部　一、總集文章。二、承詔撰述・類書。三、著書（雜著）。別集。四、賜書（詳見御書）。

圖部　一、圖。二、圖繪名臣。

文體　一、記・志。二、傳。三、錄。四、詩（歌）。五、賦。六、箴。七、銘・碑（又見紀功）。八、頌。九、奏疏・策。十、論。十一、序・贊。

道書　經。

藝術（一、數術。二、方技）（據小序及所收各書分列子目）。

經部的易類收了些太玄等擬易之作，春秋類之後的續春秋則收些春秋經傳以外的晏子春秋、呂氏春秋等。既然如此，那麼劉知幾的史通尙書家列了不少續尙書的書，淸朱彝尊經義考有擬經若干卷，所收的書也可以入經了。隋志以五經總義各書附於論語類。舊唐志獨立爲經解類。明志改爲諸經類。四庫總目改爲五經總義類。然諸經和五經總義有別，互不相攝。玉海以經解和總六經稱這一類，可以兼顧。讎正五經。和藝文有關，而究非書目，玉海是類書，在這一方面，體裁不能以一般書目來衡量。

隋志和舊唐志都有古史一類，然所收的書，實爲編年類。玉海則把先秦史料，綜爲古史一目，爲書目答問等所取法。

子部僅有諸子一類，收先秦諸子，兩漢魏晉，僅收幾家而已。隋志以後的子書，分到集部的類書類、著書（雜著）類，道書、藝術兩部。而天文、律曆、音樂、食貨等部門，也都著錄不少歷代子書。四庫總目類書類小序，說類書是非經非史非子非集，實在是亦經亦史亦子亦集，以明胡應麟議入集部爲非，因而從新唐志入子部。而玉海則把類書列於總集別集之間，類書本爲做詩作文時尋檢典故詞彙而編，入集部比子部爲適宜。

文體這一名目，是我所加的。所攝的十一類，一如其他部類，作史的記敘，並各引一些史傳和書目，沒有什麼差別。王應麟這一辦法，當是取法鄭樵的通志藝文略的文類第十二，下分楚辭、別集、總集、詩總集、賦、贊頌、箴銘、碑碣、制誥、表章、啓事、四六、軍書、案判、刀筆、俳諧、奏議、論策、書、文史、詩評等二十二小類。互相參照，出入不多。玉海雖略少，然如軍書，玉海則入兵捷。案判、刀筆，係司法文書，是很專門的應用文。俳諧與玉海以科第爲主的意旨不符。玉海頗引文心雕龍等，史部有論史一類，而集部則無文史類。

集部以體裁分可以上溯到漢志，詩賦略分歌詩、屈原賦、陸賈賦、孫卿賦、雜賦五類。隋志集部分楚辭、別集、總集、詩文評四類。楚辭實亦總集，自成一類則以文體較特殊，此後相沿至今。四庫總目詞曲類，分詞集、詞選、詞話　詞譜、詞韻、南北曲六目。實也都以體裁分。而歷代別集和總集，多是兼收各種體裁的詩文，相對的，單一文體的別集和總集便爲數無幾。如在別集總集之外，再採文體分類，易滋紛擾。

梁阮孝緒的七錄分爲內外篇，外篇是佛法和仙道二錄。隋志也在四部經傳之外，別有道經和佛經。玉海不收佛典，老、莊、列等子書收入諸子。經的一類，收了十種道教的經典，這和隋志是一致的。

漢志有數術和方技二略，古代對醫卜星相，看做是同一類型的。漢志把醫經、經方和神仙、房中合爲方技略，七錄便把醫書和漢志的術數略併爲技術錄。古今圖書集成把醫書收入博物彙編的藝術典，都是同一觀點。

陸　資　料

玉海藝文所著錄各書，以新唐志爲基礎，考釋則以中興館閣錄爲基礎，再用各史藝文志、唐宋時官私書目做補充。而所採歷史文獻，則有十三經和注疏，十七史，前四史的注釋，以及文選、世說、水經等注。尤其是宋代的實錄、會要等官書，旁及筆記、類書。可說對重要古籍、當代文獻中和書目可相補充、相發明的地方，多編在玉海藝文之內。（注七）

柒　後人對玉海的利用

玉海的材料，多用於校勘和輯佚，而保存書目的佚文尤多，清代及近人，頗知利用，收穫不少。清乾隆間修四庫全書，提要頗引玉海。嘉慶初年，錢東垣與弟繹、侗、朱錫鬯、秦鑑等，輯崇文總目，頗引玉海相參證。道光壬辰（十二年，一八三二）徐松刋其四庫闕書目，係錄自永樂大典，所附考證，僅引宋史藝文志、文獻通考和經義考，而不知引用玉海。光緒二十九年（一九〇三）葉德輝刋秘書省續到四庫闕書目，並附考證，徵引崇文總目、郡齋讀書志、遂初堂書目、直齋書錄解題、宋史藝文志等之外，頗能引用玉海，且注明卷次。惟限於藝文部分。

民國二十一年趙士煒撰中興館閣書目輯考，自序說。

> 自玉海所得者，凡九百餘條。其次山堂考索中所得者幾二百條，次直齋書錄解題中亦得百條有奇，餘則困學紀聞、漢藝文志考證、詞學指南、小學紺珠、宋史藝文志中，多者十許，少亦一二。

後序說：共輯得一千零十九家、原釋八百八十二條、考六百七十八條。玉海一書，本雜鈔衆作，編纂而成。其考典籍者，若以館閣書目爲主，而參以崇文總目、國史志、晁公武讀書志諸書。間有未標出處，揆以全體例，當非應麟所撰，必有所本。省其文義體例，頗似館閣書目遺文，唯未得確證，不敢鈔內。

子部雜藝術類射經諸書，玉海鈔錄最有倫序，竟與宋志暗合，然則宋志之次序，即館閣書目之次序矣。

玉海所引，恐亦非盡是原文，或有删節，或有脫誤。如御史臺記，玉海卷五十七所引，與卷一百二十一所引，文互歧異。白氏六帖，玉海卷四十二所引，與卷五十四所引，義迥不同。若出一書，當不致如是。考玉海卷五十七所引御史臺記，卷五十四所引白氏六帖，並與晁公武讀書志適合，一字不殊，當是誤題書名。

又中興館閣續書目輯考序：

今與書目同歸散佚，尤罕見諸書稱引。余既輯館閣書目畢，於玉海中得遺文若干條，仍依四部，付之寫官。

又宋國史藝文志輯本序：

玉海、通考中稱引國史志者甚夥，復以餘暇從而輯之，雖僅得二百餘條，然亦可以想見一般。若並具解題，殊嫌蕪穢。且自輯得者考之，多失於空疏敷衍，是其意祇在取盈卷帙，實非史志正體。玉海所引多曰國史志，未有區別，不悉其爲三朝志，抑兩朝志。故今所輯錄，合前三志於一編，統曰國史志。其已言某朝志者，亦予注明，庶便觀覽。

趙士煒是最能充分利用玉海的人，玉海引書，每有出現在夾注中，最易忽略。而藝文之外，散見其他部門並不少，前人每不留意，趙氏則能細入毫芒，惟也偶有疏失。

他的幾篇序文所論，雖是爲所輯的館閣書目、國史藝文志而發，而也說明了玉海一書的若干義例。

一、其考典籍的文字，間有未標出處，當非應麟自擬，而有所本。

二、玉海鈔錄諸書，很有倫序，暗合宋志，亦卽館閣書目之次序。

三、玉海所引，不盡是原文，或有删節，或有脫誤。

四、館閣書目敍釋文字，在崇文總目之上，玉海徵引達九百餘條，漢藝文志考證等又有引用。國史志解題，多失於空疏敷衍，玉海所引僅百餘條。可見應麟採擇之精。

五、玉海引館閣書目，或稱中興書目、中興目、或僅稱書目、名號不一。而引用國史志，不分三朝、兩朝、四朝，不如通考經籍考精確。

劉兆祐教授撰宋史藝文志史部佚籍考，引證玉海頗多。

玉海一書，既博採歷史文獻，尤其宋代部分，有些原書已經亡佚，幸賴玉海保存。各家所輯還僅是其中一部分，可資考訂的資料還多。卽以圖書文獻部分而論，所記相關的年月資料甚夥，姚名達的目錄學年表，多所取材，然僅是一小部分。麥仲貴撰宋元理學家著述生卒年表，（注七）採宋代文集、史乘、筆記等近兩百種，得資料近三千條。而玉海一書，此類資料當不下千條，所可補正的地方不少。又如王國維撰五代兩宋監本考，阮廷焯復加補正，都頗利用玉海，而玉海中板刻資料仍多，值得輯出加以排比，其價值不下陳錄中所記。

捌　板本

玉海有元至元三年至六年（一三三七——四〇）浙東刊本，歷經明清兩代多次修補，原板幾已不存，中央圖圖書館有多部，其中一部修補至清乾隆五十七年（一七九二）。民國五十二年華文書局取各本配補，悉心描潤，然原板多漫漶，終難清晰，後來有一書店據以翻印，托詞增補，而更不清楚。又有清嘉慶十一年（一八〇六）江寧藩庫刋本。清光緒九年（一八八三）浙江書局刋本。這些本子，都附刻詞學指南、漢藝文志考證等十多種。玉海收入四庫全書，近年經商務印書館影印，字大而清晰，然無單行本。

筆者曾把玉海中藝文部以外的關於圖書文獻部分輯出，加以排比。並合藝文部編一詳目。最好能再編一引用書目和綜合索引，則更便於利用。

〔附　注〕

注一　見姚氏隋志考證後序。

注二　載故宮圖書季刊卷三第一、二期，民國五十二年六、九月。

注三　李桓序云析之爲二百六十類。

注四　從寬計算，有些卷僅有一兩條，且很簡略。

注五　參考王重民目錄學論叢，中華書局，一九八四年。

注六　參考陳仕華玉海藝文部研究，東吳大學中文研究所碩士論文，民國七十三年。

注七　同注四。

注八　民國五十七年香港新亞研究所印行。

第六節　漢藝文志考證

宋志補：漢藝文志考證十卷，王應麟撰。應麟有玉海藝文，已見前，本書爲玉海附刻之一。各家書目每於漢下增書字，如四庫全書總目卷八十五卽如此。提要云：

師古注班固全書，藝文特八志之一，故僅略疏姓名時代，所考證者不過三五條而止。應麟始捃摭舊文，各爲補注。不載漢志全文，惟以有所辨論者摘錄爲綱，略如經典釋文之例。其傳記有此書而漢志不載者亦以類附入，凡二十六部，各疏其所注于下而以不著錄字別之。其間如子夏易傳、鬼谷子，皆依托顯然，而一概泛載，不能割愛，（亦有誤記附會），未免間失之嗜奇，然論其該洽，究非他家之所及也。

而簡明目錄則稱：「惟古書不載於漢志者，增入二十六種，眞僞相雜，頗爲蛇足。」按應麟此書，篇卷不多，且不免疏失。然其體例對後人研治史志，則很有影響。

筆者以爲應麟此書不稱爲漢書藝文志考證，而略去書字，有其用意，便是所注不限於班志所收，而有增益，所增各書也限於漢代所有，是以稱爲漢藝文志考證，表明所考，不僅祇是班志，而是漢代藝文。這也表明了班志所收不夠完備而有遺漏，所以加以增補。而別錄和七略久已亡佚，班固自注和顏師古注又很簡略。所以他做了考證工作。

他開了此例，元明兩代還不曾注意，清人重考據，於是仿效這兩種辦法。一是考證已有史志。一是對史志有遺漏，加以增補。而且進而對原來沒有藝文志的各史，爲之補撰，這是補志。乃稱前一種情形爲志補，以示區別。清人又對已有的史志加以考證，所受本書的影響，更爲直接。而以關於漢志的最多，其次是隋志，唐、宋等志也漸有人做。書目答問的正史類立表譜考證之屬，便專收這一類的著述，廣雅叢書選刻了一些，開明書店的二十五史補編則專收這一類的著述。當然也有其他書志，如天文、地理、兵、刑等都包括在內，而藝文志量多且重要。

其中姚振宗所撰的漢志條理、拾補、隋志考證等六種，既精且博，而於隋志考證敍錄略云：章宗源隋志考證，極意規仿王氏漢志考證。而自撰之漢志拾補、條理，在演深寧之所未盡。隋志考證，則補苴章氏之殘缺不完。應麟創始啓發之功，可以想見。

姚氏敍錄又云：按其書考證本文者二百七十六條，考證篇敍者七十八條，考證本志所不著錄者二十七條。卽就所作玉海觀之，似乎所得不止於此。反覆詳勘，似其未成之作。又云：觀其亟引宋人議論，間有與漢志隔膜者，又若不取道學家之說不足以自立者。

其所考證，不免疏失。如姚氏漢志考證縱橫家鬼谷子條按云：王氏漢志考既已證明爲蘇秦書，玉海諸子篇亦具言之，其識卓矣。而於漢志考證中又別出不著錄之鬼谷子一條，以自汚其書。

不過經義考、四庫提要、姚氏所撰各書，對本書多所引證，從而可知瑕不掩瑜。

本書附刻於玉海。四庫全書著錄，有商務印書館影印本。又收入二十五史補編第二冊。又收入民國二十五年上海大光書局編印的中國歷代藝文志。近年遠東圖書公司重印改書名爲中國歷代圖書大辭典。最好能有單行本。

第七節　新唐書藝文志

新唐書二五五卷，歐陽修等撰，其中卷四七至五十是藝文志。討論書目時省稱新唐志或新志，又與舊唐志合稱兩唐志。修有崇文總目，已見前官錄章。新唐書修成於嘉祐五年（一〇六〇），而崇文總目則在慶曆元年（一〇四一）成書，早於新唐書二十年。

壹　所據材料

舊唐志依據古今書錄，收書五一、八五二卷，僅截至開元以前。開元以後兩百年間唐人著述，全未收錄，頗爲後人詬病。新唐志除轉錄舊唐志外，並在各類後增加一些不著錄部分，是唐人的著述，計二七、一二七卷（據總序爲二八、四六九卷），彌補了舊志的缺憾。

可是唐代亡後，中經五代十國，幾十年動亂，不僅唐代公私收藏，遭到厄運，就是唐代所編官私書目，到宋代仍見著錄的，也屈指可數。那麼歐陽修增補部分何所依據，新志總序未見說明，後人也少有論及。王重民則認爲：以崇文總目做主要參考資料，未著錄的兩萬多卷是根據宋代的藏書，而不是唐代藏書，因而有紀唐代著述的意義。開始了清代補志的作法和意義。所收書在唐代未必流傳，書本與宋代相符合，而未必合於唐代原始情況。（注一）

然取新唐志五經部分與崇文目、宋志相對照如下：

	易	書	詩	禮	春秋	合計
新唐志	11	4	3	16	22	56
崇文目	1	0	0	3	2	6
宋　志	1	0	0	0	0	1
崇宋均有	3	0	0	2	6	11

可見新唐志在五經部分共增不著錄五十六部，其中僅有十八部見於崇文目和宋志，還不到三分之一。新唐志總序說：唐之學者自爲之書又二萬八千四百六十九卷。……今著于篇，有其名而亡其書者，十蓋五六也，可不惜哉！這是就四部書約略而言，五經部分則多到十分之六七。互見部分，還有書名和卷數的出入。

而別集類新唐志不著錄部分，與崇文目和宋志稍加核對，相同的固多，有出入的也不少。略舉數例：

書名異：元結文編，崇文作元子編，宋志作元結集。玉谿生詩，崇文作李義山詩，宋志作李商隱詩集。于濆詩，崇文、宋志並作古風。

卷數異：崔融、吳筠、鄭谷、高適、馮宿、孟郊諸集，卷數均多於崇文、宋志。歐陽袞、秦韜玉、羅袞三集，崇文卷數較多。錢起、王昌齡、張籍、李洞四集，宋志卷數較多。

分類異：皮日休文藪十卷，崇文同，宋志一卷，入總集。太宗凌烟閣功臣讚，崇文同，宋志入類事。而武后訓記雜載，崇文入別集，新唐志入儒家。殷璠丹陽集，崇文、宏志均入別集，新唐志入總集。（注二）

崇文總目爲宋仁宗時的官錄，且和新唐志同出於歐陽修，已大有差異。宋志雖成於元代，然所依據的三朝、兩朝國史志，也反映了北宋初的藏書，可供參考。所以王重民的說法有待商榷。

按唐貞元三年（七八七）秘書少監陳京作藝文新志，名曰貞元御府羣書新錄。（注三）而開成初（元年爲八三六），從侍講鄭覃進言，詔秘閣搜訪遺文，四部書至五萬六千四百七十六卷，（注四）惟未言有書目。貞元目不見於唐、宋志，不過這兩次校書的資料，容有流傳到宋，而歐陽修得以參考。且崇文目、宋志所載唐秘閣目四卷、唐四庫搜訪圖書目一卷、集賢書目一卷，他如五代楊九齡經史書目一卷等，都可供採擇，而所載俱非宋代所流傳，而符合唐代原始情況。惜文獻不足，不易詳考。

沈炳震新舊唐書合鈔，又查出新書所增著錄十七部，一百三十卷。爲舊志所無，而係隋以前人的著述。王重民認爲歐陽修所據古今書錄是增訂本。（注五）

貳　不類書而類人

漢、隋、舊唐三志，多以書名爲主，而以撰人作小注。新唐志反其道而行之，改成「以書類人」，見譏於鄭樵，認爲大有相妨。如管辰作管輅傳，唐志省去作字，則當曰管辰管輅傳，成爲二人共傳。又如盧槃佐作孝子傳，又作高士傳，高士與孝子自有分別，如何因所作之人而合爲一。其實歐陽修等也感到以書類人的不當，而有例外，如周易正義等奉勅撰注各書。宋志、明志却相沿不改，例外更多。(注七) 新唐志可說是始作俑者。

叁　得失和各家批評

新唐志的體例也有其長處，便是對未立傳的人，詳注始末於藝文志，如邱爲集下敍其平生孝行恭謹，凡百餘字。(注八) 又「於三唐圖籍必略及其大意，而官書更備，凡撰述覆審刪正之人，皆詳載焉。」(注九) 而「凡人之不必立傳者，但書其爵里於書名之下，則列傳中省却無限閒文。」(注十)

鄭樵除論不類書而類人之失外，又略論新唐志分類之失。焦竑國史經籍志糾繆，論新唐志分類之失，自謚法五種當入儀注，至杜佑通典係典制書，不當入類家，凡三十一則。

劉咸炘頗正新唐志之失，略述於下：

混舊志之暗目，全依時代，經部竟以時代爲次，而不論本經，二戴先於周官、儀禮。春秋繁露先於三傳。

收隋志鈔撮舊史者於編年。僞史一門妄收隋志所謂雜史編年。雜史妄收傳記。故事全收傳記。雜家、農家因舊志而更濫。

子目詳略不一。又有分隸之失，論古今注、渚宮舊事等書分類欠妥。（注十一）所論雖有可取，然也失於苛求，新唐志幾乎一無可取。

聶崇岐摘新唐志同一類重出的書有：小學類今字石經論語，道家類續高僧傳，別集類褚亮集。又錢譜入農家，續錢譜則入小說。（注十二）

肆　板本

陳錄卷八：「唐藝文志四卷，新唐書中錄出別行，監中有印本。」史志有單行本且曾刊行，此外僅有清史稿藝文志。監本之外，還有坊刻，民國五年吳興張氏影刊擇是居叢書卽覆建安魏氏刊單行本。

新唐志係新唐書中一部分，新唐書傳本甚多，可參考本書宋史藝文志節的板本項。

兩唐志既多重見而又略有出入，沈炳震編新舊唐書合鈔，其中卷七十二到七十五是經籍、藝文志合鈔。以舊志爲主，新志有而舊志沒有的，加注：「從新書增」，兩志文字不同，加注「新書作某」，也有直接改從新志。凡新志「不著錄」部分，用雙行小字排於最後。對二志所收書的部數、卷數等，更重新核算，加以按語。對整理前代書目很有開創性，甚有價值。不過沈氏對舊志有，新志偶失收，還有新志和舊志分類不一致的那些書，僅部分注明。想參照兩唐志著錄情形，還是不夠方便，仍得自己去核對。

民國五十二年，世界書局印行的唐書經籍藝文合志（書名經改易，未能查出原書名。），採用上下兩欄對照的方式，上欄是舊志，下欄的新志。前言說：凡二志次序有不同，分類有出入，或文字有異同的地方，統以舊志爲標準，而在文中用括號（　）一一加以注明。

所謂分類有出入，所注係分到不同的類別。因爲以舊志爲主，舊志的順序還沒有問題。至於新志，因爲牽就舊志，對於和舊志分類不同的那些書，原則上是採交互注明的方式。就是在舊志之下，注明這些書新志入何類。而在新志部分的上欄，也注明舊志入何類。不過也有未經注明的情形。至於新志同一類原來的順序，因爲牽就了舊志，不免顚倒失序，對利用合志的人，仍有不便。就是說：合志的舊志可用，而新志不僅次序顚倒，甚且不甚完整。

所以彙列兩唐志，要採雙軌制。既要依照舊志以排比新志，也要依新志一一注明舊志所屬的部類。甚至在各類中先後的順序，也都每書分別注明，這樣固然麻煩些，可是不用再動輒去查閱原書。

伍　注本

清末王先謙有新舊唐書合鈔補注，據唐書經籍藝文合志前言說：體例和沈書相仿，校注更加詳細。又有唐書藝文志注，鈔本凡四卷，不著編撰人姓名，一說是淸唐景崇撰，一說是近人繆荃孫撰。合志前言又說：以新志爲主，而以舊志低一格附在後面，校注得很精細，舉凡書名、卷數、人名、時代等，對二志有互異之處，多作了考訂。書中還有多處批校語注明尚須查補，證明是未定稿。這兩種稿本未能見到。中央研究院有晒藍本唐書書藝文志注，略引史志和公私書目，而偶加考訂。

〔附　注〕

注一　見王重民目錄學論叢，中華書局，一九八四年。

注二　承輔仁大學藍文欽先生見示。

注三　見柳柳州集陳京行狀。

注四　見舊唐書經籍志總序。

注五　同注一。然王氏在上文云：新唐志實據舊唐志，說法不一。

注六　詳見論書名項和著項在書目中的地位，中央圖書館館刊特刊，民國六十七年。

注七　見通志校讎略不類書而類人。

注八　見余嘉錫目錄學發徵、目錄之體製二、敍錄。

注九　見全祖望鮚埼亭外集卷四二、移明史館帖子二。

注一〇　見熊循雕菰集卷十三、上郡守邵公書。

注一一　見續校讎通義，唐宋明志八。

注一二　見二十種藝文志綜合引得序。哈佛燕京學社，民國二十二年。

第八節　方志藝文志

方志是地方史，宋代史學發達，所修方志既多，體裁也因不斷改善而趨於完備。僅以目錄方面而言，有錄詩文的藝文志，記書目的經籍志，還有記該地所收藏的圖書、板片、石刻的文籍志。如今所存的，雖僅有剡錄的書、文，景定建康志的文籍志。然宋代方志，至今十不存一，所以其代表性也有十倍到數十倍。尤其建康志詳記羣經、通鑑的板本，比遂初堂書目詳盡得多，也是因爲百餘年間，刋行圖書日盛，而在目錄上反映出來。從玉海和宋史藝文志，得知宋代有不少地方性的書目，惜已亡佚。這幸存的兩種方志藝文、文籍志更是彌足珍貴，不能因其簡略而忽視。

壹　剡錄

王欣夫說：地方著述目錄的創始者，在北齊、北周之間。劉知幾史通書志篇說：「近者，宋孝王關東風俗傳亦有墳籍志，其所錄皆鄴下文儒之士，讎校之司，所列書名，唯取當時撰者。語曰：雖有絲麻，無棄菅蒯。於宋生得之矣。」關東風俗傳雖已失傳，觀其書名，可知是關東的地方志，它的墳籍志，羅列當時的書名撰者，無疑開後來方志藝文的先例了。

宋史藝文志有川中書籍目錄二卷，又有諸州書目一卷，好像是屬于地方著述的書目，但姚名達據宋會要考得這兩個目錄是川中和諸州藏書之目，並非記本地人的著作。在宋代的方志中，嘉泰會稽志有遺書錄，惟所錄的是整篇詩文，並無書目。只有高似孫的剡錄卷五有書有文，所謂書，是羅列了戴逵、阮裕、王羲之、謝玄、孫綽、許詢、支遁、秦系、吳筠、靈澈、鄭言、謝靈運、顧歡、葛仙翁十四人的著作和阮、王、謝氏家譜的名目共四十二部，各有卷數。所謂文，是專鈔謝安、戴逵等的單篇文章十五篇，皆與剡有關的，並非都是出於本地人之手。這書成于嘉定甲戌，（七年，一二一四）現存方志有目錄的，沒有比它再早的了。（注）

高似孫字續古，淳熙十一年進士，累官中大夫，博雅好古，晚家於越，爲嵊令史安之作剡錄，卒贈通議大夫。著作頗富，剡錄外又有史略、子略，見學科書目章。

貳　景定建康志

景定建康志五十卷，宋周應合修纂。其卷三十三至三十七，爲文籍志凡五卷。卷三十三又分志序、書籍、書版、石刻四目，皆是屬於經籍這一範圍。其他四卷分諸論、奏議、書、露布、表狀、詩賦、樂府等七目。屬於王欣夫所謂藝文這一範圍，不具論。

應合，號淳叟，豫章人。淳熙間舉進士，實錄館修撰。開慶元年（一二五九）以承直郎差充江南東路安撫使司幹辦公事。景定二年（一二六一）承安撫使馬光祖命修建康志。

文籍志的序，略述作志原委。書籍部分，先述建康在宋代圖書聚散的情形。其次收藏簡目，分御書石經、經書、史書、子書、理學書、文集、圖志、類書、字書、法書、醫書等十一目，五百餘本，經書最多，一百七十六本，次文集一百五十一本，史書五十一本，子書、性理各二十六本。所謂一本，實是一種。不過同一種書的不同板本，都作一本計。所以實計上有書約五百種，平均每種以十册計，約五千册。

經書的正經和注疏都分記板本。除爾雅外，十二經俱備。每經又分正文、注、正義、注疏，正義卽單疏。又各分監本、建本、婺本、川本。監本正文除孟子外，各經都有，三傳正文之外還有春秋經的正文。監本注八本，正義六本，注疏僅周易一本。建本正文七本、注二本、正義二本、注疏四本。婺本正文三本、注二本。川本正文和注各一本。另有監本公穀二傳一本，當是合刻本。又周易程氏傳和義海各有監本和婺本。史書僅通鑑有監本、蜀本、建本。子書中孔子家語有監本、建本。南宋監本多分由浙江各地刊印，以地區說是浙本。福建在南宋刻書最多。然江南也刻了不少書，却未見一本。

書版記各書板片數目，有六十八種書，文章正宗近二千板最多，次卽景定建康志，一千七百二十八版。前面圖志之目中卽有乾道、慶元、景定建康志三本。書目極少有記本書的，如直齋書錄解題中不會著錄書錄解題的，尤其是版片數，要等全書刻完，至少淸樣寫完才知道，也許先留墨丁，全書刻完再刻數字的。乾道、慶元兩志也各有二百餘版，保存地方文獻還算很好。

石刻主要是碑，約四百餘種，除碑名外，偶記所在地或撰人、刻石年代。

方志記藝文、經籍、金石之外，記藏書刻書的很少，明清志書，也偶有記刻書或板片的。葉長青撰閩本考，便利用過這方面的材料。宋代方志開創了這些先例。

剡錄和景定建康志，都還有影宋鈔本。又都收入四庫全書和宋元方志叢書，都有影印本流傳。

宋代史志今存六種，輯本四種。方志藝文志二種雖僅數葉，也甚有意義。私撰四種最爲重要，都有解題，不僅供考證取資，也爲國史志提供了輯佚資料：到明淸兩代，除四庫總目外，官錄和史志，都不足稱道，私家書目和學科書目的地位日漸重要。這一轉變，宋代實居於承轉的地位。

〔附　注〕

注　見王欣夫文獻學講義第二章、方志藝文志始於剡錄。中華書局，一九八六年。

第三章　學科書目

宋代學術昌明，雕板印書盛行，公私收藏既富，所編書目遂夥。而收藏書目外，兼及學科書目。雖亡佚者多，見存僅有數種，然比元明兩代，則無遜色。清人於學科書目，編撰頗多，著錄既富，體例亦善。而宋人所編，實導其先路。今就所可見的四種，略加論述。

第一節　刊正九經三傳沿革例

四庫總目經總類：刊正九經三傳沿革例一卷，岳珂撰。宋岳珂撰，珂字肅之，號亦齋，又號倦翁。湯陰人，居於嘉興。岳飛孫，官至戶部侍郎，淮東總領制置使。著有鄂國金陀粹編、愧郯錄、寶眞齋書法贊、玉楮集等。

珂生於宋淳熙十年（一一八三），沿革例云據廖氏世綵堂刊九經，廖本刻於宋末，而珂卒於廖氏刻九經之前，沿革例不當有據廖本之語。九經三傳有「相臺岳氏刻梓荊溪家塾」牌記。荊溪卽宜興，珂從未居宜興。當是元宜興岳浚所刊，沿革例亦岳浚所撰。其事在元大德年間（一二九六——一三〇五）。（注一）岳浚，亦作岳濬，字仲遠，宜興人。飛六（一作九）世孫。博學好古，與一時文士交。元大德間任石門縣尉，至大中爲象山書院山長，乞歸侍親。積書萬卷，延致名儒，讎校羣經，梓行九經三傳，爲海內所重。後起至績溪主簿、泰定末遷尹漢陽，坐掠死非辜降職，鬱鬱而沒。（注二）

今以沿革例爲岳珂撰，由來已久。卽使歸於岳浚，刊書時去宋亡也僅二、三十年。且所據二十三種板本，除唐石刻本、晉天福銅板本（僞不足信）外，全係宋本。實可視爲綜合宋代經傳傳本，加以校刊，書成雖已入元，而所載實俱屬宋代文獻。又雖非書目，然綜述經傳，也是考鏡源流之事。

本書內容：

一　書本　略述五代以來，校刊經傳情形，以及所據以刊正的二十三種板本。

二、字畫　略述採用字畫的態度，既不隨意遷改，亦不全然從古，而通之以可識者。並列舉所據以刊正之字書，計漢許愼說文至宋毛居正六經正誤等八種。

三、注文　略舉經注諸本脫誤情形，及校勘原則。

四、音釋　列舉凡例二十條。足供後人注釋、校刊古籍參考。

五、句讀　略述經傳諸本句讀情形及句讀原則。

六、脫簡　說明以注疏爲據，不輕易增入。卽使與國本依注疏更定，朱熹更定大學，亦不從之。

七、考異　倣照石經考異，列舉經傳及音注異文。總共九葉，佔全書三分之一，實是當時傳本的校勘記。

卷首冠以識語。

各家評介

四庫總目卷三十三：宋時九經刋板，以建安余氏、興國于氏二本爲善，廖剛又釐訂重刻，當時稱爲精審。珂復取廖本九經，增以公穀二傳，及春秋年表、春秋名號歸一圖二書，校刋於相臺書塾，並述校刋之意，作總例一卷。今則諸經印本皆已罕傳，惟此總例尚行於世。

清任大椿序：蓋合家塾所藏二十三本，反覆讎校，而成是編。珂深於經訓，深思而詳辨之。其擇抉是非，能會經文上下語義，而證之於注疏釋文，然後求之於諸本異同，其中精義甚多，姑以所見略舉數端。

板本

清乾隆間歙西鮑廷博刻知不足齋叢書本

清光緒八年盧氏芸林仙館補刻知不足齋叢書本

清道光三十年南海伍崇曜刻粵雅堂叢書本

商務印書館排印叢書集成本

新文豐出版社重印叢書集成新編本

藝文印書館影印百種叢書集成本

廣文書局書目續編本

清末崇文書局刋本

附記：據任大椿序及粵雅堂本伍崇曜序，任氏曾刋行，惟未見書目著錄。

第二節　史略

史略六卷，高似孫撰。宋志未收，又亡佚已久，清末從日本傳入。

似孫宋史無傳，鄞縣志本傳云：高似孫字續古，夙有俊聲，詞章敏贍。淳熙十一年進士，爲會稽縣主簿，累官中大夫，提舉崇禧觀。似孫博雅好古。晚家於越，爲嵊令史安之作剡錄，卒贈通議大夫。(注三)

其著作頗富，計有：史略六卷、子略四卷目錄一卷、硯箋四卷、蟹略四卷、緯略十二卷、文苑英華鈔五卷、疏寮小集一卷、騷略三卷、文選句圖一卷，又刪定桑世昌蘭亭考十二卷等。

其內容如下：

卷一　太史公史記至史記考等八則，其中先公史記注，乃其父炳如所撰，似孫稱其極意覃思，盡力此書，積功二十年史注始成。足以答太史公所望。

卷二　漢書至五代史考等三十八則。

卷三　東觀漢記至玉牒等十一則。
卷四　史典至通鑑考據書等十二則。
卷五　覇史至劉勰論史等六則。
卷六　山海經至竹書等六則。

日本森立之經籍訪古志卷二：此書文詞簡約，而引據精核，多載逸書，實爲讀史家不可闕之書矣。

清楊守敬跋：史家流別，已詳於劉知幾史通。高氏此書，實未能出其範圍。況餖飣雜抄，詳略失當。其最謬者，如後漢書既採宋書范蔚宗本傳，又采南史及蔚宗獄中與諸甥書。大同小異，一事三出，不恤其繁。又如既據新唐書錄劉陟齊書十三卷爲齊正史，又據隋志錄劉陟齊紀十三卷爲齊別史。既出范質晉朝陷蕃記四卷，又出范質陷蕃記四卷。而不知皆爲一書。其他書名之誤、人名之誤、與卷數之誤，不可勝紀。

據其自序，成書於二十七日，宜其罅漏如此之多也。似孫以博奧名，其子略、緯略兩書，頗爲精核，此書則遠不及之。久而湮滅，良有由然。惟似孫聞見綜博，所載史家體例，亦略見於此篇。又時有逸聞，所采東觀漢記，爲今四庫輯本所不載，此則可節取焉耳。

張壽鏞跋：續古著史略，爲時僅二十七日，後世以其成書之易，譏其罅漏之多。安知不由學士（似孫父）注史記時，一一搜輯於先，而續古成之之速者藉此乎。然商榷千古，鈐括百家，於此可見一斑。

余嘉錫四庫提要辨證卷十新語條：自來目錄學家皆以新語爲陸賈所作，相傳無異詞。至提要始懷疑其僞。而其所考，至爲紕繆，不足爲據。惟高似孫史略卷三云：「班固稱太史公取戰國策、楚漢春秋、陸賈新語，作史記。」此蓋似孫誤記，而提要誤信之，未及覆考之漢書本傳也。筆者案：似孫於其父所注史記，以及後漢書、史通所述史記采用之書，尚且有誤。則張跋文不足爲似孫迴護。

此書中土久逸，日本昌平學有宋刋本。楊守敬得於日本，清光緒十年，刋入古逸叢書。後商務印書館屢加影印。並據以排印，收入叢書集成，又收入人人文庫。

廣文書局書目續編本

藝文印書館百部叢書集成本

新文豐出版社叢書集成新編本，均據古逸叢書

清咸豐四年刋粤雅堂叢書本

清光緒九年常熟鮑廷爵刻後知不足齋叢書本

民國二十一年鄞縣張壽鏞刋四明叢書本

附記：史略校勘劄記，楊守敬編，王重民輯，載圖書館學季刋二卷四期。又史略校箋，周天游撰，一九八七年書目文獻社印行。

第三節　子略

宋志類事類：子略四卷目錄一卷，高似孫撰，似孫有史略，見前節。

本書內容：

子略目　錄漢書藝文志、隋書經籍志、唐書藝文志、子鈔、通志藝文略。

卷一　陰符經至晏子春秋等九種題識。

卷二　老子、莊子、列子、文子等題識。

卷三　戰國策至鬼谷子等十二種題識。

卷四　呂氏春秋至皮子隱書等十三種題識

四庫總目卷八十五：其有題識者，凡三十八家。惟陰符經握奇經，錄其原書於前，餘皆不錄，似有刪節之本，未必完書也。馬端臨通考多引之，而頗有所考證發明。然似孫能知亢倉子之僞，而於陰符經、握奇經、三略、諸葛亮將苑十六策之類，乃皆以爲眞，則鑒別亦未爲正確。其盛稱鬼谷子，尤爲好奇。以其會粹諸家，且所見之本猶近古，終非焦竑經籍志之流，輾轉販鬻，徒構虛詞者比。故錄而存之，備考證焉。

清孫詒讓溫州經籍志卷十六：薛氏季宣校定風后握奇經一卷。案艮齋所校握奇經，今無單行本，惟浪語集第三十卷，尙載其全帙。明人漢魏叢書所刋者，係從高似孫子略第一卷抄出，蓋卽窮艮齋本爲已校。故子略此經序，竟不及艮齋本也。其間偶有異同，又高據別本改艮齋本以掩其剽竊之跡也。艮齋校語精詳，高本亦多所刪創。

清姚振宗隋書經籍志考證後序：「子略割裂掛漏，皆顏監所謂意浮功淺，流俗短書，唯關於考證者，間一及之。」如子部道家類中，誤隋志王尙注老子爲王尙楚；又誤讀隋志梁老子幽易一段；於隋志文子下，又以李暹二字誤爲李白進三字。又如子部歷譜類中誤以後魏甄叔遵爲後漢人等，皆是其誤。

余嘉錫四庫提要辨證卷九子略條：據孫氏所考，乃知似孫以變例錄入握奇經者，實以有成書可鈔，意存掠美。其錄陰符，則取以與握奇相配耳。大抵高氏著書，成於率爾。其緯略、史略兩書序，皆自誇成書之速，故大抵抄撮之功爲多，而心得之處少也。又屢指其所抄意林比宋刋全本少。

王重民讀高氏子略小識：是書餖飣謬誤，不讓史略。敍陰符則一本通志藝文略，談老莊則純襲世說新語文學篇，風后握奇經則錄其全書，荀卿商鞅竟不登于目。於老子注家，既有任眞子，又出李榮，不知任眞子卽李榮也。於莊子注家，既據隋志著錄李叔之義疏三卷，又據兩唐志著錄王穆義疏十卷，不知李爲誤字，本作王叔之，叔之字穆夜，兩唐志穆下脫一夜字，實一人耳。其他書名之誤，人名之誤，與卷數之誤亦甚多。（注四）

四庫簡明目錄標注卷十四：朱竹垞有宋刋本。

明弘治間無錫華氏覆宋刋百川學海本。

民國十年上海博古齋影印本

民國十六年武進陶湘影刋本

商務印書館叢書集成本

新文豐出版社叢書集成新編本

藝文印書館百部叢書集成本
清嘉慶九年虞山張海鵬刋學津討原本
民國二十年刋四明叢書本
廣文書局影印書目續編本
附記：四庫簡目標注所稱宋刋本，卽百川學海本。所稱明刋本，卽明弘治覆刋本。

第四節　籀　史

翟耆年字伯壽，別號黃鶴山人。其先開封人，居丹陽。好古博雅，偏介不苟合。放浪山水間，著書自娛。宰相范宗尹欲招之，蘇庠曰：翟子淸濁太明，善惡太分，此張惠恕之所以不能取容當世也。善篆隸八分，畫鑒錄其題米元暉山水云：「善畫無根樹，能描朧頭雲，如今貴身也，不肯與閒人。」（注五）陳錄卷七傳記類：「翟忠惠家傳一卷，翟耆年伯壽述其父汝文公巽事實，忠惠者私諡也。耆年實邢恕外孫。」

原書二卷，今僅存上卷，著錄宣和博古圖至晏氏鼎彝譜計十九種。其卷下安州古器圖至翟氏三代鐘鼎款識十五種，僅存目次。

四庫總目：首載宣和博古圖有紹與十二年二月帝命臣耆年云云，蓋南宋初年所作。其以籀名史，特因所載多金石款識，篆隸之體爲多，實非專述籀文。所錄各種之後，皆附論說，括其梗概。所錄不及薛尚功鐘鼎彝器款識，備載篆文；而所述源委則較薛爲詳。二書相輔而行，固未可以偏廢。

本書旣佚其下卷，又無刋本傳世。四庫全書，著錄於史部目錄類金石之屬。後人據以刋行，流傳漸廣。計有：

清道光間金山錢熙祚刋守山閣叢書本

商務印書館印叢書集成本

藝文印書館影印百部叢書集成本

新文豐出版社印新編叢書集成本

民國七年海鹽沈光瑩刋靜園叢書本

第五節　宗教書目

宋代佛道兩藏，均有書目，而多亡佚，佛教經錄存有數種，今畧加說明於下：

一、開寶大藏經目錄

唐智昇法師作開元釋教錄三十卷，以最後二卷爲入藏錄。宋太祖開寶四年（西元九七一），據以刻版，是爲我國第一部藏經。至太宗太平興國元年（九七六）——八年（九八三）刋成。世稱開寶藏。

計一千〇七十六部，五千四百八十卷，成四百八十帙。歷代藏經，衍自開寶，亦即衍自開元。失經典，標明出某節者，即指開元而言，其關係之重要可知。

二、崇寧萬壽大藏經目錄

神宗元豐三年（一〇八〇）福州東禪寺冲其等募刻，至徽宗崇寧三年（一一〇四）完成。視開寶藏稍有出入。並增英字至虢字百帙，計三百五十四部，則至孝宗乾道七年（一一七一）始完成。

目錄一卷，載昭和總目七，名爲東寺藏一切經目錄。

三、毘盧大藏經目錄

福州開元寺所刻。始於元豐八年（一一一三），終於乾道八年（一一七二）。內容與崇寧藏稍有出入，增踐至牧字十二函。

目錄一卷，載於昭和總目六，名爲宮內省圖書寮一切經目錄。

四、湖州思溪圓黨禪院新雕大藏經律論目錄（圓黨）

目錄二卷，日本高野山寶壽院所藏，載昭和總目四六，有日本內藤虎跋：「寧州觀察使致仕王永從夫妻兄弟發心捐財，鏤板五百五十函，五千四百八十卷，有紹興二年（一一三二）題記。此前思溪藏，蓋經始行於北宋末，而成於南渡之初也。」此跋當本藏內題記。

五、安吉州思溪法寶資福禪寺大藏經目錄（資福）

此爲後思溪藏。寶慶元年（一二二五）改湖州爲安吉州，故圓黨之名，冠以湖州，資福別冠以安吉。即日本大正藏所據宋本。雕於理宗嘉熙三年（一二三九），內容倣圓黨而增濟字至最字五十一函。目錄一卷，載於昭和總目十一。

六、平江磧砂延聖院新雕藏經目錄（磧甲）

磧砂爲宋平江府陳湖中小州，宋乾道八年築延聖院，理宗時設經坊。所刻經題記，起紹定四年（一二三一）至元英宗至治二年（一三二二）。宋代雖定此目，並未依目刻成，至元代則目錄又有改變。民國十二年據元代改編本影印，世稱磧砂藏。

七、天寧寺大藏經目錄

爲女子崔法珍斷臂募刻。據現存題記，始熙宗皇統九年（一一四九），終於世宗大定十三年（一一七三）。因設會於解州天寧寺，又稱天寧藏。民國二十二年釋範成在山西趙城廣勝寺發現，又稱趙城藏。核其帙號，應有七千餘卷，今存五千零十七卷。當時曾擇其罕見經論，印爲宋藏遺珍。金藏之外，國外有麗藏，國內有至元法寶勘回總錄，皆據金藏而編訂者。

八、大藏經綱目指要錄

東京法雲寺唯白法師著，係研究藏經目錄之專書，其性質略同提要。據卷末自序，作於徽宗崇寧二年（一一〇三），當據開寶藏。全書八卷，卷二，四至七各分上下，每經提敍大意。不是按譯本立目，而成爲第一部依佛經內容，思想體系的分類解題目錄。

載於崇寧及毘盧藏溪函，昭和總目三七。

九、大藏聖教法寶標目

宋王古撰，元管主八增補。所擧開元錄，與考定開寶目全同。各門分帙，同於指要，異於開寶。明本十卷。載於昭和總目三八。

其前七種實爲刋行書目，且多有所據。然間有出入，亦非漫然異同，蔡念生先生旣分別考釋，復綜列二表，明其時序，卷帙、編輯系統，並繪刻藏地域圖。實已盡辨章學術，考鏡源流之能事。（注六）

〔附　註〕

注一　見費海璣撰翁同文先生九經三傳刋者考實，載大陸雜誌三十一卷七期，民國五十四年十月。

注二　萬曆宜興縣志。

注三　似孫生於紹興壬午，見陳錄佚文，載國立中央圖書館館刋第十二卷二期。

注四　載圖書館學季刋三卷三期，民國十八年九月。

注五　據嘉定鎭江志附錄、至順鎭江志卷十九、宋紀詩事補遺卷五十八。宋史翼卷二十八耆年傳乃據兩鎭江志而略加改纂。

注六　蔡念生編有三十一種及二十五種藏經詳目對照表，詳列各種藏經子目，並附索引。又有附錄多種。

第四章　私　藏

我國私家藏書，由來很古。莊子天下篇說：「惠施多方，其書五車。」秦始皇禁私藏詩書百家語，咸陽所儲，又爲項羽所焚。漢興除挾書之律，私家藏書未遭禁燬的，往往間出，而漢志序云：「武帝廣開獻書之路，百年之間，書積如丘山，故外有太史博士之藏，內則延閣廣內秘室之府。」（註一）此後中秘所藏，每因改朝換代，或人謀不臧，而有嚴重損失，就徵集私家藏書來充實秘府。因爲我國幅員廣濶，再嚴重的動亂，總有騷擾不到的地方。而有些藏書家，把書看得重於生命，所以會想盡方法加以保存。由此看來，私家藏書實在是國家藏書的本源。

梁阮孝緒七錄序云：「少愛墳籍，長而弗倦。……頗好搜集，凡自宋齊以來，王公搢紳之館，苟能蓄聚墳籍，必思致其名簿。凡在所遇，若見若聞，校之官目，多所遺漏。遂總集衆家，更爲新錄。……凡爲錄有七，故名七錄。天下之遺書秘記，庶幾窮於是矣。有梁普通四年（五二三）于建康禁中里宅，始述此書，通人平原劉杳從余遊，因說其事。杳有志積久未獲操筆，聞余已先着鞭，欣然會意，凡所抄集，盡以相與，廣其見聞，實有力焉。」（註二）

可知七錄實是當時公私藏書的聯合目錄，阮劉兩人分別搜集私藏名簿，校以官錄編成的。唐初修隋志，除了記載隋代中秘所藏之外，又採用七錄，就是雙行小字所記「梁有」各書。這是史志採用私藏圖書名簿的例子。新唐書藝文志目錄類載有私家書目四部：吳氏西齋書目一卷、河南東齋史目三卷、蔣彧新集書目一卷、杜信東齋籍二十卷。杜信的書目多到二十卷，不僅可以看出收藏之富，而且必定是解題書目。北宋初晁公武的郡齋讀書志，衢州本也是二十卷。

宋代私家藏書的風氣亘盛，以人數說，有一百多；以區域說，遍及南北各地；以數量說，少則萬卷，多的且逾十萬卷。都不僅遠非前代所可比擬，就是和元明兩代相較，也並無遜色。至於私家書目，文獻可考的，已有三十多家，可惜多已亡佚。（註三）現今尚存的，僅晁公武、尤袤、趙希弁、陳振孫四家。然李淑邯鄲書目雖亡，還可輯得四十多條，援史志、官錄的例子，一併記述於本章。

第一節　邯鄲書目

宋志卷三目錄類：李淑邯鄲書目十卷。

壹　撰　人

李淑，字獻臣，若谷子，徐州豐人。年十二，眞宗幸亳，獻文行在所，眞宗奇之，命賦詩，賜童子出身，試秘書省校書郎。寇準薦之，授校書郎、館閣校勘。乾興初遷大理評事，修眞宗實錄，爲檢討官。書成，改光祿寺丞、集賢校理，爲國史院編修官。天聖五年（一〇二七）進士及第，改秘書郎，直集賢院，擢史館修撰。景祐初知制誥，五除翰林學士，而兩以人言不拜。包拯言其嘗請侍養父而不及其母，出知河中府。嘉祐四年（一〇五一）卒，年五十八，贈尚書右丞。

淑博習諸書，詳練朝廷典故，制作誥命，爲時所稱。初宋郊有學行，淑恐其先用，因密言曰：「宋，國姓，而郊者交，非善應也。」其性傾側險陂類此。嘗修國朝會要、三朝訓監圖、閣門儀制、耕籍類事、六賢傳、王后儀範等。所著有書殿集、筆語、語苑類格等，俱已亡佚。（註四）

李氏世代藏書，編有邯鄲書目，雖已亡佚，然各家書目還偶見徵引。子德芻能守而不失，並編有再集書目三十卷。在宋代藏書家中，很是難得。

貳　收藏和書目

邯鄲書目有自序，略云：「抉私褚外內經，合道釋書畫，得若干。離十志，五十七類，總八目。……有貳本者分貯旁格，柳氏長行後學之別歟。噫！予門從著作、水部、贊善、洪州，四世而及中山，鄙夫承之，施爾朋、圭、芻，泊彙、蒙、謙輩，冠蓋八葉，緊汝曹善承之，肆守之，毋爲勢奪，毋爲賄遷。書用二印，取朋篆所以記封國，詔世代。」（註五）

從序文可見其累世收藏情形，所分類目，對複本的處置，藏書印的文字，都是關於藏書史的資料。

陳錄卷八云：邯鄲書目十卷，李淑撰，號圖書十志。而尤目的目錄類李邯鄲書目和邯鄲圖書志複出，疑誤。

晁志卷九云：邯鄲圖書志十卷，李淑撰。「載其家所藏圖書五十七類，經史子集通計一千八百三十六部，二萬三千一百八十六卷。其外又有藝術志、道書志、書志、畫志，通爲八目。」

周密齊東野語卷十二：「宋室承平時，如南都戚氏，……劉壯輿，皆號藏書之富。邯鄲李淑，五十七類二萬三千一百八十餘卷。」和晁志很相近。

而玉海卷五十二引中興書目云：「淑皇祐中撰邯鄲書目十卷，子德芻再集其目三十卷。淑藏書二萬八百十一卷，著爲目錄，凡五十七類，至是比舊少一千一卷。」比晁志所記卷數，少了兩千多卷。

叁　輯　本

邯鄲書目到宋元之際，還見著錄和徵引，可知亡於元明時。阮廷焯教授就晁志等所引，輯得四十九則：（註六）

晁志：關子明易傳至賈至集，計二十五則。

史略：穆天子傳一則。

陳錄：蜀爾雅至賈至集，計十四則。

玉海：易緯至酉陽雜俎，計六則。

馬考：春秋指掌、字林，計二則。

羣書考索：蜀爾雅一則。

以上共得四十九則。筆者所得，有爲阮輯所未收者：

晁志卷一：易緯稽覽圖二卷、周易緯是類謀一卷、周易緯辨終備一卷、周易緯乾元序制記一卷、周易緯坤靈圖一卷、易通卦驗一卷　漢鄭玄注。按隋志有鄭氏注易緯八卷，唐志有宋均注易緯九卷。李氏本注與隋志同，卷數與唐志同。家本蓋出李氏，獨不載乾鑿度二卷，而有乾元敍制一卷。　筆者按：晁志雖未明言李氏是何人，然參以玉海卷三十五所引易緯條，可知卽李淑書目所記，僅通卦驗有一卷之出入。四庫總目卷六易緯乾元序制記提要云：晁公武謂其出於李淑家。可從。

又卷七　史館故事三卷　不題撰人姓氏。……李獻臣以爲後周史官所著。　按其書以廣順年事爲皇朝，獻臣之說尤信。

又卷十六　大洞眞經一卷　邯鄲李氏道書志四類：一曰經誥類、二曰傳錄類、三曰目錄類、四曰符錄類。皆以此書爲之首。然唐志不載，故以次度人經云。

玉海卷七　尸子　李淑書目存四卷，館閣書目止存二篇，合爲一卷。　筆者按：與阮輯所引玉海卷五十三小異。

又卷九　李淑書目有萬年曆十七卷，康定初司天監楊惟德編次。

以上共計五十三則，除去重複，得四十一則。其中晁志的論語筆解，習學記言條論子華子，玉海的子華子、馬考引李燾論春秋指掌和字林等五部書，都是說李淑書目未載，以證明其晚出的。所以實際上只輯得了三十六部書。不過易緯一則，共有書六種。晁志卷十六天蓬神呪下云：「邯鄲書目載道書最衆，已上八種皆有之。」實兼含此上同元注西昇經、徐注西昇經、步虛經、定觀經、內觀經、老子化胡經、太淸經等七種。是以共得書四十七部，與原目一千八百多部相比，所存不到百分之三。而敘釋文字又多經删節。然就各家徵引，知其涉及範圍頗廣，分述於下：

一、書名　晁志卷十二孔叢子條引「邯鄲書目云：一名盤盂，取事雜也。」此記書之異名。

二、卷數　凡十一則，如：

晁志卷四墨藪十卷，李氏書目止五卷，而梁武書評、王逸少筆勢論皆別出。　係記卷數不一，子目分合。

又卷十二　淮南子二十一卷　今存十七篇，李氏書目亦云第十七、第十九亡。　係記卷數存佚。

史略卷六　穆天子傳一卷　李氏邯鄲書目云六卷。　係記卷數不一。

陳錄卷十六　賈幼幾集十卷　唐志二十卷，別十五卷。李淑書目云：至集有三本，又有十卷者，有序，今本無序。　卷數不一，引史志爲證。

漢志考卷五，載說苑，引李德芻記其卷篇，已見前。

三、撰人　凡十八則，最多。如：

晁志卷一　周易啓源十卷　蔡廣成撰。李邯鄲云唐人。田偉置於王昭素下，今從李說。　王昭素有易論三十三卷，宋初人。晁氏從李說置周易啓源於唐末。

又卷十三　殷芸小說　宋殷芸撰。予家本題劉餗，李淑以爲非。　此撰人有異。

又卷十四　鮮鶚經　未詳撰人。李邯鄲云：羅浮逍遙子撰。　此引李目所記撰人。

又卷十七　賈至集十卷　唐賈至幼幾也。集，李邯鄲淑家本二十卷，蘇弁編次，常仲孺爲序。以墓銘敍碑引於後。今亡其本。　此記編者，兼及附錄。

四、內容　晁志卷十四　遁甲經　李氏書目云：此九天玄女之術，推九星八門三奇六儀之法。

又卷十六　食氣經　李邯鄲云：似雜集之書。

五、批評　晁志卷九　民表錄　錄國朝循吏善政。　李淑以爲雖淺俗，亦可備廣記云。

六、源流　晁志卷一　關子明易傳　魏關朗撰。李邯鄲始著之目，云：王通贊易，蓋宗此也。

七、分類　晁志卷十六　大洞眞經條記邯鄲道書志下分四類，已見前。

八、記佚　玉海卷九，引李淑書目有萬年曆十七卷，　楊惟德編次。　筆者按：萬年曆僅見館閣書目。

九、引證　晁志卷十六，於天蓬神呪等八種，又太上說魂魄經，僅云李氏有其目。又卷四，韓李論語筆解下，云邯鄲書目無之。凡四則，已見前。　以證各書流傳情形，　兼可明其眞僞。可見晁公武、李燾、王應麟等，考訂各書時，常引證李氏書目。

由此可見李氏書目雖殘缺過甚，仍多有可供考訂羣書時參考。而由陳錄徵引十四則，玉海徵引六則並都著於錄看來，李氏邯鄲書目在宋元之際應還頗有傳本。很可惜馬端臨似未能看到，見於經籍考的兩條，都是引自李燾所轉述的。如果馬氏也能看到，當也會如同迻錄晁志和陳錄一般，留下更多的資料。馬端臨生當陳振孫和王應麟之間，交遊和接觸的圖書文獻都很廣，竟然沒有機緣得到李氏書目做編經籍考的材料。一部書的存亡，有時是要靠幾分運氣。

筆者曾就邯鄲書目佚文，依分類編次，附李淑序，各家書目著錄情形，和李氏父子生平，比起清人所輯古佚書，可分兩三卷。

〔附　注〕

注一　見太平御覽卷六一九引七略。

注二　七錄序，見廣弘明集卷三。

注三　參見潘美月宋代藏書家考緒論，所考還有遺漏。

注四　李淑生平以宋史卷二九一爲主，而參考東都事略卷五七、隆平集卷七、吳世熊徐州府志卷二二。卒年則據續通鑑長編卷一八九。著述參考宋志和玉海。

注五　見呂祖謙宋文鑑卷八十六。據陳錄卷八、淑皇祐己丑（元年，一〇四一）自作序，時年四十八。玉海卷五十二也引此序，則刪節不全。

注六　見宋代家藏書目考佚，載國立編譯館館刊十二卷二期。七十一年六月。

第二節　郡齋讀書志・附志

宋志卷二傳記類：晁公武讀書志二十卷。　又卷三目錄類：晁公武讀書志四卷。這是因爲讀書志有兩個本子：一、袁州刊本四卷，下文稱爲「前志」，每卷各分上下。二、衢州刊本二十卷。宋志分別載入。傳記類是在不著錄部分，也就是宋代的國史舊志未收，而由元代修史者補入的。宋志多有一書兩見的，這也是一例。

讀書志是省稱，現存宋袁州刊本的卷端書名是昭德先生郡齋讀書志，習稱郡齋讀書志。更簡略的則稱晁志。

附志一卷，也分上下。趙希弁撰，附於袁州本作爲讀書志的卷五。袁州本又附趙希弁摘自衢本而爲袁本所無的，編成後志二卷，所以共有七卷，如分析子卷，則有十二卷。

壹　撰　人

甲　生　平

晁公武，字子止，世稱昭德先生。其里邑有三說：一澶州；二鉅野；三彭門。晁氏世居澶州清豐縣，其先世曾遷至濟州，鉅野於宋時屬濟州；靖康之變，公武挈家入蜀，而彭門在蜀。

高宗紹興二年（一一三二）公武登進士第，初爲四川轉運副使井度屬官，歷知恭州。越三年，移知榮州。越數年，又知合州，宵旰勤勞，凡有興革，皆爲合民深謀，在官二年，政聲卓著。秩滿轉任潼川府路轉運判官，二十七年（一一五七）十二月，爲侍御史王珪劾罷，後金安節薦公武爲臺諫。累官至吏部侍郎。

公武曾經過嘉定府的符文鎭，因山川風物頗似洛中，乾道七年（一一七一）罷退之後，卜居於此，歿卽葬於其地，其生卒年都不可詳考，當卒於淳熙初（元年爲一一七四），壽約六十五。李燾爲撰墓志。（注一）

公武仕宦四十餘年，其立朝則不避權貴，守正不阿，因能興利除弊，廓清政風。出守州縣，則蘇解民困，造福地方，政績卓著，可說善於紹述先業，振其家聲。

乙　著述和學術

公武旣富收藏，也勤於校讀，而著述甚多，見於宋史藝文志的凡十種：易詁訓傳十八卷（一名易廣傳）、尚書詁訓傳四十六卷、毛詩詁訓二十卷、中庸大傳一卷、春秋故訓傳三十卷、稽古後錄三十五卷、讀書志二十卷、又一部四卷、老子通述二卷、昭德堂稿六十卷、嵩山樵唱二卷。此外尚有石經考略及通鑑評。

而這十餘種著作中，僅郡齋讀書志尚存。公武的學術思想，也藉讀書志仍可探知一二。

公武著述遍於五經，旁及文史，今雖不傳，然由其讀書志還可得見一斑，加以輯錄排比。可知公武爲學，甚爲醇正，不尚空談，篤實踐履，由正心誠意而至於治國平天下。公武治學爲人，寬厚從容，然於王安石之學，則排斥不稍假借。如讀書志卷三，胡氏春秋傳條引自序云：「近世推隆王氏新說……人欲日長，天理日消，其效使夷狄亂華，莫之過也。」公武身遭靖康之變，這是其心聲，而借胡氏的序文表出。公武善於藏書、校書、著書，可說是家學淵源。

丙　家世

僅就讀書志中所記公武的家族便有：

五世祖晁迥，太平興國五年進士，仕終少傅，有道院別集等。

族祖端友，年二十五舉進士，新城令，有晁氏新城集。

父冲之，早年受知於陳師道、呂本中，有具茨詩集。

從父五人：說之，自號景迂生，官終徽猷閣待制，有古易等，讀書志屢引景迂說。

詠之，紹聖元年進士，有晁氏崇福集等。

補之，舉進士，有重編楚辭等。

載之，登進士第，有封丘集。

十父，名字未詳，嘗考山海經。
弟公遡，進士，有嵩山集。
從兄子逸，仕安康，得元經，歸而示四父。
子健姪，有司馬光手寫潛虛草稿一通。
眞是人才輩出，德業相承達百餘年。加上史傳所記，爲讀書志所未提到的，就更多了。可是經中原喪亂，各自南渡或西遷，世代收藏，尺素不存。而公武得到井度的贈書，再加以辛勤搜訪，舊時所藏，有時幸而珠還合浦，也並非不可能。

貳　收　藏

袁本晁志自序略云：

余家自文元公來，以翰墨顯者七世，故家多書，至於是正之功，世無與讓。然自中原無事時已有火厄，及兵戈之後，尺素不存也。余仕宦連蹇，久益窮空，雖心志未衰，而無書可讀，每恨之。南陽井公天資好書，自知與元府，領四川轉運使，常以俸之半傳錄。時巴蜀獨不被兵，人間多有異本，聞之未嘗不力求，必得而後已。歷十餘年，所有甚富。既罷載以舟，即廬山之下居焉。與余厚，一日貽余書曰：度老且死，有平生所藏書甚祕惜之。顧子孫稚弱，不自樹立。若其心愛名，則爲貴者所有；若其心好利，則爲富者所有，恐不能保也。今舉以付子，他日其間有好學者，而後歸焉，不然則子自取之。余惕然從其命，凡得書若干部，計若干卷。今三榮僻左少事，日夕躬以朱黃讎校舛誤，每終篇輒撮其大指論之，豈敢効王宋之博，所期者家聲是繼而已，其書固自若也。儻遇井氏之賢，當如約。

而晁志衢本卷十九別集類晁文元道院別集等條云：

自經兵亂，六世圖書焚棄無孑遺。法藏碎金世傳最廣，先得之於趙郡蘇符，昭德新編則得之於丹稜李燾，道院別集則得之於知閬州王輔，智餘書則得之於眉山程敦厚，理樞則得之於澠池集中。

這段文字不見於袁本，而袁本中僅有法藏碎金錄、道院別集兩種。其他可見是前志成書後才多方搜得的，從而可知西遷時連最尊崇的文元公遺著都沒有一本，家藏眞可說是尺素不存了。也從而可知公武除所得井氏書外，自己也多方搜集。所以衢本的自序，便不同於袁本，舉以付子下作：「書凡五十篋，合吾家舊藏，除其復重，得二萬四千五百卷有奇。今三榮僻左……」所謂舊藏，如果是西遷後再從故鄉運出的，序文和讀書志應有記載。不然便是入川後多方辛勤搜集的了。其見於讀書志的略述於後：

卷二有太常禮書一百五十卷，得之敍州通判盧彭年家。卷四有蔡邕獨斷二卷，得孫蜀州道夫本。又方言十三卷傳本於蜀中。卷六有呂夏卿兵志三卷，得之宇文時中。卷十一有尹文子，富順李家所藏者。卷十六有注維摩詰所說經十卷，得之董太虛家。集十八有李賀集四卷外集一卷，外集得之孫子美家。又許渾丁卯集二卷，得渾集完本。可見其無間時地，都能留意搜訪。以他嗜書之篤，交遊之廣，所得便很可觀。是以後志所收，多到四百餘部。卽使前志所記的書，到衢本的解題中，往往據新得的本子補正，說見下文。這些多方搜求的書中，也許雜有晁家舊藏，所以衢本自序中增入了「合吾家舊藏」一語。

叁　井　度

至此要提到贈書五十篋給公武的井度，據公武自序知是南陽人，自知興元府至領四川轉運使；常以半俸傳錄圖書，歷二十年，既罷官，居廬山之下，因子稚弱，贈書公武。

晁志卷五正史類宋書條略云：紹興十四年（一一四四），井憲孟爲四川漕，檄諸州學官求宋齊梁陳魏北齊周書，命眉山刊行，世稱眉山七史，可以比美尤袤刊文選，而卷帙則遠超過文選。眉山七史久已失傳，而有江南的重刻本。又參以陳錄知井度字憲孟。

井度任官事跡，還略有可考的。建炎以來繫年要錄有四則，摘抄於下：

建炎四年（一一三〇）九月己未，以朝議大夫井度爲利州轉運副使。……度，亮采子也。（亮采淮寧人，元祐殿中侍御史）

紹興十年（一一四〇）五月己亥，右朝請大夫權川陝宣撫司參議官井度兼權四川轉運副使。久仕於蜀，故胡世將奏用之。

同年閏六月癸酉，四川轉運副使井度始受命，度言成都、潼川兩路對糴，並脚錢折納米，今運至魚關，計闕二百萬緡，無所從出，乞每石復理十千，宣撫使胡世將從之。

十二年七月丙申，直秘閣四川轉運副使井度兼川陝宣撫司參議官令再任。（注二）

可略見其政績，公武實爲其屬官，而晁志自序僅云宿與公武厚。晁志卷八地理類有蜀三神祠碑文五卷，井度編，任四川漕日裒梓潼、灌口、射洪三神祠碑文板記成此書云。

周紫芝曾得譙郡先生集一百卷於井度子晦之，晦之泣曰：「百卷之書皆先君無恙時貽書交舊而得之，手自校讎，爲之是正，凡一千八百三首，歷數年而後成。君能裒其所未得者以補其遺，是先君子之志也。」（注三）葉昌熾云：「觀此文則井公有子且能讀父書矣，公武何未聞還瓻也，甚矣踐言之難也！」（注四）眞象已不可詳考。

肆　成書時間

袁本自序無年月，衢本自序在紹興二十一年（一一五一），不過這只是初創的年代，公武在紹興十七年知恭州，二十五年知合州，那麼知榮州必在十八年到二十年間。（注五）此後又陸續不斷的撰寫。孫猛有郡齋讀書志衢袁二本的比較研究，（注六）略云：

哲宗實錄和建炎日錄條，三次稱高宗爲「太上皇帝」，必在紹興三十二年六月高宗禪位於孝宗到淳熙十四年十月去世之間（一一六二——一一八七）。

公武在乾道間四川安撫使任上，得到足本古文尚書，刻於成都學宮，序末署乾道庚寅（六年，一一七〇）。這古文尚書著錄於讀書志。又劉牧鈎隱圖，係乾道三年劉士敏刋本，通志堂經解據以翻刻，即讀書志著錄的本子。又如范仲淹集別集，最早在乾道三年始刊行於饒州。所以讀書志成書，必在紹興之後，乾道、淳熙之間。而乾道七年公武罷官，方能和門人杜鵬舉論學於古松流水之間，讀書志當撰成於這一時段。其自序署紹興二十一年，只能表明初稿本完成的時日。

伍　體　例

在傳世的解題書目中，除佛家經錄外，以崇文總目爲最早，不過在宋代卽已殘缺，所存敍釋無多。後此而較完整的，便推晁志，其體例承先啓後，影響很大，今摘要略述於下：

甲　小　序

余嘉錫云：

小序之體，所以辨章學術之得失也。宋人所修國史藝文志，皆有部類小序，與漢隋志同。其他目錄之書，惟崇文總目每類有序。晁、陳書目號爲佳書，晁志能爲四部各作一序，至於各類，無所論說。（注七）

然細讀晁志，知其於若干類第一部書下，常論說該類學術流變，而不僅論述一書得失，是該類小序而非該書敍錄。也間有不在該類第一部書而稍後的。今列其類目於後：

經部：易、讖緯、書、詩、禮、樂、春秋、孝經、論語、經解、小學。

史部：雜史、史評、刑法、傳記。

子部：農家、小說、天文、五行、類書、雜藝術、醫書、神仙、釋書。

集部：楚辭、別集。

以上凡二十六類，約佔四十四類的十分之六，而一類之中，另分子目的，還有五則。

就四部分：經部十類俱有，易部的讖緯，三禮，公穀，各有小序，而左傳則沒有。史部十三類，有小序的僅五類，重要的如正史、編年、地理等類都從闕。子部十六類，有小序的十類，儒家最爲重要，且居首位，也從闕。集部三類，總集類則從闕。

就其內容分析：最能表現晁氏之學術思想者爲樂類小序，闡述所重在修身之道，與經部總序相發明，可以參閱。經部其他類屬，均略述傳授情形，前半節錄隋志，後半接敍唐宋兩代。雜史、刑法、譜牒、農家、小說、五行、神仙、釋書等類，也能辨章學術，考鏡源流。史評、傳記、楚辭三類次之。小學、雜藝術、醫家等則述分析子目情形。今舉卷四小學類爾雅條爲例。

右世傳釋詁周公書也，仲尼、子夏、叔孫通、梁文增補之。晉郭璞註。文字之學凡有三：其一體制，謂點畫有縱橫曲直之殊。其二訓詁，謂稱謂有古今雅俗之異。其三音韻，謂呼吸有清濁高下之不同。論體制之書，說文之類是也。論訓詁之書，爾雅、方言之類是也。論音韻之書，沈約四聲韻及西域反切之學是也。三者雖各名一家，其實皆小學之類。而藝文志獨以爾雅附孝經類，經籍志又以附論語類，皆非是，今依四庫書目，置於小學之首。

如就一書的敍錄言，應重在晉郭璞註四字，論其得失。篇首到增補之云云，以及自藝文志到篇末，都是涵蓋爾雅本書，或是訓詁一目中的爾雅。不僅關係郭璞註。而中段論小學類當分三目，尤其與郭璞註爾雅無涉，實是小序文字，而非郭註爾雅的敍錄。

卷六史部雜史類汲冢書條：

右晉太康中汲郡與穆天子傳同得，晉孔晁注。蓋孔子删書之餘，凡七十篇。古者天子諸侯皆有史官，惟書法信實者行於世。秦漢罷黜封建，獨天子之史存，然史官或怯而阿世，貪而曲筆，虛美隱惡，不足考信。惟宿儒處士，或私有記述，以伸其志，將來賴以證史官之失。故以司馬遷之博聞，猶采數家之言以成其書，況其下者乎。然亦有聞見單淺，記錄失實。胸臆偏私，褒貶弗公，以誤後世者。是在觀者愼擇之矣。

次段不足考信以上，論官史之失。此下至史官之失，論雜史之產生。再下至況其下者乎，論雜史之得。最後則論雜史之失。末句論讀者對雜史利用態度。凡此都不僅關涉汲冢書一書內容得失。而正是余嘉錫所云辨該類學術得失的小序。

卷十二子部農家類齊民要術條：

右元魏賈思勰撰，記民俗歲時治生種蒔之事，凡九十二篇。

農家者，本出於神農氏之學。孔子旣稱禮義信足以化民，焉用稼，以誚樊須。而告曾參以用天道，分地之利，爲庶人之孝，言非不同。意者以躬稼非治國之術，乃一身之任也。然則士之倦遊者，詎可不知乎？故今所取，皆種藝之書也。前世錄史部中有歲時，子部中有農事兩類，實不可分，今合之農家。又以錢譜置其間，今以其不類，移附類書。

按漢志云：農家蓋出於農稷之官，播百穀，勸耕桑，以足衣食。及鄙者爲之，欲使君臣並耕，誖上下之序。隋志略同。晁志則溯其源而論其失。因君臣並耕之說，不足爲信，早有論定，其書也失傳已久，更無可論說。然後論各書目對農家類分類的得失，和公武分合改易的緣故。

卷十七別集類蔡邕集條：

右後漢蔡邕伯喈也，陳留郡人，仕至左中郎將，後爲王允所害。邕博學好辭章、術數、天文，妙操音律。在東觀欲補漢紀，自陳十意。及付獄，乞黥刖以成書，不能得，遂死獄中。所著文章百四篇，今錄只存九十篇，而銘墓居其半。或曰碑銘、或曰神誥、或曰哀讚，其實一也。嘗自云：爲郭有道碑，獨無愧辭，則無他可知矣。

凡文集其人正史有傳者，止掇論其文學之辭，及略載鄉里，所終爵位。或死非其理，亦附見。餘歷官及其善惡率不錄。若史逸其行事者，則雜取他書詳載焉，庶後有考。

所論蔡邕及其文集較多。而末段是撰寫別集類敍錄的通則，屬於小序範圍。所述雖不周偏，然除死非其理一句，或因蔡邕而發外，全不是蔡邕集一書的敍錄所應有。

從而可知晁志實有二十六類三十一則的小序，遠較陳錄今存八類爲多。而論述之精，不僅可上承漢隋二志，而且有後來居上。只因未能從敍錄中析出，便使論晁志體制的忽略了，因而特爲表出。筆者曾將這些小序錄出，酌加鄙見，草成「郡齋讀書志中之小序」，已另行刊布。

乙　分　類

晁志的分類，大致本於崇文總目而略有變更，而衢本與袁本又稍有出入，每部的大序，所記類目與卷內也小有異同。後志和附志的書較少，類目因也有删減，如羣經併爲經類。

可是各家論分類的，每僅據袁本或衢本，後志和附志，更不屑一提。固然出入無多，到底未能完全反映出晁志的分類情形。筆者曾取崇文總目、衢本、袁本、後志、附志的類目，列表對照。後志雖多省併，然如五行類僅有拜命錄一書而已。附志在省併外，還增加了語錄、法帖兩類。總而言之，晁公武、姚應績、趙希弁三家，在分類上因襲多而少有創獲，這也許是研究分類的人少加注意的原因。

丙　記板本

晁志成書早於尤目，已頗有板刻資料。筆者有郡齋讀書志中的板本資料一文，從晁志中找到有關板刻資料約三十條，所記板本有：監本、蜀本、李鶚本、淳化本、蒲正傳本、眉山本、關中本、洪州本、宣和本、元豐本、襄陽本、高麗本、唐本、昇平本、光州本等。因分卷不同關係到板本的二十七條。

其中如卷九闕里世系，孔宗翰元豐末知洪州刊。所記刻書的時、人、地具備，比很多清代書目所記板本還要詳明。而卷五宋書條所記紹興十四年井憲孟刻眉山七史的經過，有如清代以降的藏書志，成爲板刻上重要的資料。後來趙希弁、陳振孫等在解題中所記板本資料更多，當是受晁公武的影響。

陸 板本

甲 蜀本

張元濟認爲公武原志四卷既刋於蜀，其後蜀中別行姚應績所編二十卷本，削杜序而竄自序，改南陽井公爲南陽公。觀趙希弁後序，知姚編序且僞託馬考所據，非袁本或衢本，而爲蜀本，因袁本杜、晁黎三序，都有井氏字，馬氏爲何說未詳？提要稱馬氏兼采袁本，是館臣偶疏所致。又馬氏不載附志，也是未見袁本而採蜀本，爲衢本所依據的。（注八）

陳樂素略云：袁本後志趙希弁序：三衢游史君，以蜀本鋟梓，衍爲二十卷，公武門人姚應績所編。是說黎侯以蜀四卷本加趙氏家藏刋之宜春。游氏以蜀四卷本刋之三衢，而益以姚編，衍爲二十卷。同一源派，分爲袁衢，所以希弁作袁衢二本考異。張氏說原志既刋於蜀，其後蜀中別行姚編二十卷本。因四卷本先刋於蜀中，如二十卷別行蜀中而删杜序，削井度名，那麼把兩蜀本一比對，不是就敗露了嗎？大約游鈞以四卷本和姚所增編刋爲二十卷，而黎安朝也傳蜀本。要是有蜀本先後別行，則趙氏當做兩蜀本考異，而不必做袁、衢考異，以示袁本爲勝了。（注九）

這一個是否蜀中先刋行二十卷本晁志，爲衢本所依據的爭議，張說較勝。

乙　袁州本

張元濟跋宋刋袁州本略云：

此爲宋淳祐袁州刋本，故宮博物院圖書館所藏，蓋沉埋者六百餘年矣。按晁志今行世者，有袁本、衢本之別。公武原志，既刋於蜀，其後蜀中別行姚應績編二十卷本，有所增益。淳祐己酉，南充游鈞傳刻姚本於信安郡，是爲衢本。番陽黎安朝於原志四卷之後，錄趙希弁藏書爲附志，錄衢本姚氏所增爲後志，增訂考異，後一年庚戌合刋於宜春郡，是爲袁本，卽此刻也。康熙末葉，海寧陳師曾得舊鈔袁本刋傳之，晁志始行於世，四庫據以著錄，其書久佚無徵，館臣莫能論定。提要泥於馬氏經籍考，反覆未得其說，則以誤目陳刻錯簡爲殘闕，未省馬氏所採爲蜀本也。（注十）

這一宋袁州刋本，商務印書館多次據以影印，收入續古逸叢書，四部叢刋三編，和在臺北所編印的續編，萬有文庫，近年並有單行本。還有：

清康熙六十一年海寧陳師曾刋本。

清乾隆間收入四庫全書，近年商務印書館據以影印。

丙　衢州本

清嘉慶初年阮元進呈，收入宛委別藏，下文省稱阮本。近年商務印書館據以影印，然流行不廣，少有人注意。此本多存宋本原式，其他衢本有缺文，而袁本或馬考却有的，此本不缺。雖然如雜史類涉及遼、金的史籍中，遇有清廷認爲違礙的文字，每用□代替，可是還沒有改易行款，可據馬考、王校本晁志補入。是今傳最完善的衢本。又有：

清嘉慶二十四年吳門汪氏藝芸精舍刋本。

清光緒六年會稽章氏式訓堂刋。

丁　王先謙校刋本

清光緒十年長沙王氏刋本。王先謙以袁本校衢本，袁本的異同一一表出。連各書在袁本和後志的順序，或是分入不同類別，也都記明，附志也一併刋行。所以實際上是衢袁二本的合鈔，成爲晁志新的板本。

而在校勘方面，備引黃丕烈、李富孫的校語，並旁及馬考等所引異文，遇有疑義，還引證其他書目和相關史籍。又編有全書總目和附志目錄，載各書的書名、卷數、撰人。卷首有例略，敍述各家和王氏校勘的經過和方式。次考證，迻錄各家書目、文集、筆記中涉及晁志的資料。末附錢保塘撰昭德先生事略，書成後校得的異文則作爲校補。

晁志在宋代書目中最爲幸運，初稿四卷和增訂本二十卷，都有機會刋行，四卷本且有宋代刋本流傳至今，成爲傳世唯一的宋刋本書目。二十卷本雖若存若亡，然有保存宋本原式的鈔本流傳，其中有些殘損或錯簡，不過可以用馬考等校訂。清人除分別傳鈔或校刋兩種本子之外，而王先謙的校訂本可說另成一本。前人整理兩種內容大致接近而又頗有出入的書目，如沈炳震兩唐志合鈔，體例遠不如王氏之善。清人做了若干補志，對同一時代，往往有多家，如：後漢志有侯康、姚振宗等八家。晉志有吳士鑑、文廷式等五家。遼金元三朝，始於黃虞稷、倪燦、盧文弨。吳騫、金門詔、錢大昕以至近人繆荃孫、王仁俊各有所作。遼金元人三種史志以及補宋志每易相混。均宜用王先謙方式做綜合整理。

王校本仍有不夠完善的地方，他未能見到宋刋的袁本和阮元進呈的衢州本。甚至馬考也未能充分利用。又明知所據的袁本有錯簡，却認爲「宜仍舊觀」，不免失於拘泥。校語既彙集多家，反覆顚倒，有的且無關考證，失於繁瑣，妨礙閱讀。考證和校補中的校語，更不便於利用。

戊　如何校理晁志

參酌王先謙的方式，而以阮元本做底本，異文取有資考證的用極簡明的文字表出。用宋袁州刋本勘其異同，小的差異，作爲校語。大段不同，附載於後。馬考所引，也比照袁本。王氏的例略、考證，大致可用，其未收或後出的重要資料，酌加選載。並編一書名、人名綜合索引，分別注明阮本、宋本、王校本、新校本頁次。

柒　衢袁二本比較和批評

論晁志袁、衢二本優劣，可遠溯到趙希弁，取衢本以補袁本，作爲後志，當以爲兩本相同部分，袁優於衢。陳振孫、馬端臨、王應麟等則多引衢本。到了清代，據王校本卷首考證，何焯以袁本校衢本而無所褒貶。瞿中溶用袁本、馬考校衢本，撰考辨舉要，錢大昕贊賞不已，認爲衢優於袁，後來顧廣圻、黃丕烈、鮑廷博、汪士鐘、李富孫、阮元、錢泰吉、王先謙等從之。到近年商務印書館多次影印宋刊袁州本，張元濟撰有跋文，推許袁本，附從者衆。這些意見，都不免各有所偏。

孫猛有郡齋讀書志衢袁二本的比較研究，(注一一)做全面且深入的分析，惜未能做平情之論，而一味揚衢抑袁，今摘錄於下，並加以批評。

甲　數量與編次

一、所收部數，列表如下：

著錄	衢本	前志	後志
經	二四〇	一七八	五六
史	三二三	二一二	一〇三
子	五六三	三三二	一九七
集	三四五	三一二	四三

存目	○	○	三六
小計	一、四七一	一、○三四	四三五
重見	四		一一
實收	一、四六七		一、四五八

又兩本著錄的書，有分合不同，如予析出，衢本實際比袁本多收書十九種。

二、序　文

1.自序，衢本說明藏書數量，並說明並非皆井度所贈，且署紹興二十一年撰。前志僅說得書若干部、若干卷。

2.四部前大序（晁氏稱總論），經史子三部衢本都著錄卷數。

3.小序，前志分四十三類，其中僅九類有小序。衢本四十五類，二十五類有小序。

三、歸類和編次

同一部書袁、衢二本歸類不同的有四十六例。二本編次大體相同的有十七類，其餘多少有些比較重要的差異，總的來說，衢本編次比較整齊可觀。

乙　著錄項目

一、書名的著錄

兩本書名歧異，約有四十多部，今分析如下：

1.同書異名，前志易類的毘陵易傳，衢本用東坡易傳的本名，前志則用因黨禁而改易的書名。

2.異書同名，前志類書類有佚名的洽聞記，小說類又有鄭常的洽聞記。衢本於前者加童子二字，解題云：「或題童子洽聞記」，示非杜撰。

3.衢本加標撰人，如前志儒家類的荀子，衢本作楊倞注荀子；醫家類脉經，衢本標王叔和脉經。

4.莊子、列子等，衢本用原書名，不用道家尊號。

二、卷數的著錄

1.分合或計算法不同。如僧寶傳，前志入釋家類作三十卷，衢本入傳記類，加所附臨濟宗旨和補禪林僧寶傳各一卷，作三十二卷。道家類鶡冠子，衢本作八卷，解題說前三卷同墨子，後兩卷多稱引漢以後事，皆後人雜亂附益之。今削去前後五卷。前志所載，便祇三卷。

2.衢本著錄，多是編輯在後，卷數增多的本子。如別集類的鮑溶、富弼、曾肇、畢仲游、梅堯臣、魏野、林逋、陳恬等集。

3.前志收錄的殘本，衢本則是足本。如禮類陳祥道的太常禮書，雜史類王安石的鍾山日錄等。

三、作者的著錄

1.前志未定，衢本則確認。如書類呂大臨書傳，農家類沈括忘懷集，地理類黃璞閩川名士集。

2.訂前志之誤，如小學類張有復古編，前志誤作張守。小說類殷芸小說前志誤作劉餗。

四、解　題

衢本增訂前志有三百多處。

1. 整飭文字，如論語正義、鷄林志、皮氏見聞錄等。
2. 移易解題位置，如道家類前志王安石注老子的解題論首章斷句，衢本在其前面增收溫公道德論述要，因將王注解題移前。趙希弁摘編後志，未加注意，遂使前志和後志重出這段文字。
3. 增補前志太簡略或有缺漏的解題。
4. 訂正前志敍人事、評得失、述源流的錯誤。
5. 前志缺漏、錯誤太甚，衢本改寫。

上述五點是形式上的差異，內容的差異略述如下：

1. 說明書名，有東溪試茶錄、心經會解等十餘條。
2. 補正篇目、篇數及編次，有邯鄲圖書志、三朝國史、曹植集等十五條。
3. 補正成書原委，有宗鏡錄、神宗朱墨史等十多條。
4. 增引序跋或附錄，有中論、貞觀政要等八條。
5. 補正對著錄書體例、特點、內容的介紹，有孟子音義、皮氏見聞錄，和金剛經會解等佛書。
6. 辨僞、考訂內容，如曾子、子華子、冷齋夜話、鬼谷子、鶡冠子等。
7. 記前代書目著錄，周易微指、中論、淮南子三條引崇文總目，關子明易傳條引邯鄲圖書志。
8. 記板本，如金鑾密記、補茶經、劉綺莊歌詩等，詳於前志。

9.增補典章軼事，如列子、巢氏病源候論、建安茶錄、試茶錄等十二條。

10.撰者生平，如陶潛集、三禮義宗、春秋集傳、博雅、唐書辨證等四十多條。

11.評論性文字，如新序、蕭穎士集、荀子、管子、韓非子、笠澤遺書等三十多條。

12.介紹學術源流，如毛詩正義、珞琭子三命、景德傳燈錄等。

13.有關晁公武收書、藏書、校書情況二十多條。

14.考辨史實，說明魏晉人詩文集流傳的特點，某書或某篇詩文撰成的時間。而麟臺故事條說明晁志收書時限。

以上都是衢本解題詳於前志。至於前志詳於衢本，也有四十多條，每出於有意刪削，馬端臨的剪裁，汪刻衢本脫漏。如：

1.解題移位，已詳上文。

2.因乙正錯簡而減略約有八條，如前志的晉書、宋書、後魏書等三條，均有誣晉元帝爲牛金之子一事，衢本僅見於宋書。

3.語涉宮廷，如晏元獻集記坐撰李宸妃墓銘事。

4.張晦之集、蔡君謨集、元章簡玉堂集等前後約二十條，汪刻衢本用通考配補，而通考如列晁志於陳錄後，每刪去重複部分。

5.怪異或冗辭，如寇忠愍詩、太平總類等。

6.傳寫、刊印時脫誤，如李公詩苑類格、子思子等。

五、衢袁二本優劣評價

一般認爲袁優於衢的地方，似是而非，多不可信。如：

1.袁本有宋刻原本，而衢本後出。然衢、袁二本，系統不同，宋刻袁本未必勝過雖晚出而經過補正的衢本。

2.袁本完全，通行的汪刻衢本有缺簡。然汪刻本卷十九別集類從張晦之集至卷末缺簡一〇九種，除三種外均以經籍考配補，大致與原本相去不遠。且宋刻袁本也不是足本，如醫家類明堂針灸圖，儒家類法言，都有脫文。可知並非蜀刻四卷本完整的面目。

3.前志加後志應等於衢本。可是趙希弁編後志，刪去三十六種書的解題。而所抄的衢本目錄類目標題前後乖異，歸類「考異」遺落正多，至少有三十多種書未能編入後志，甚至不見於附志。

4.余嘉錫在四庫提要辨證卷二十一宋元憲集條，認爲馬考並非祇據衢本，也兼採袁本。黎安朝、趙希弁所以要刊後志，便因衢本有四卷的前志無法企及的優點。玉海只著錄四卷的讀書志，而玉海他卷和漢藝文志考證等至少引讀書志一百〇七條，除二本相同的各條外，有十五條同前志，十七條同衢本，八條只載衢本而不見於前志和後志。可見王應麟曾見衢本，以爲勝於袁本而加引用。

5.顧廣圻因晚年與黃丕烈不和，曾有否定衢本的說法，然雜有意氣，本意仍從瞿中溶以衢本爲善的意見。

孫猛這篇文字，很費了些工夫，所以能用很多例證去分析，條理也很淸楚，缺點是先有成見在心，有些衢本缺失，袁本優點，有略而不提之嫌。還有些偶然疏失，一併略述如下：

1.游鈞據其先人在蜀時所「摹而藏之」的蜀刻二十卷本，在衢州重刻此書。按：這是張元濟的說法，然游鈞序文並未說摹而藏之的晁志是多少卷。

2.核計二本部數時，只分析了袁本多書合一條。而如衢本楊時的周禮辨疑與中庸解合爲一條，袁本則分爲二條，却未能爲衢本分別計數。

3.小序實有二十六類三十一則，已見前文小序項。

4.在歸類上，古樂府並樂府古題要解、玉臺新詠、玉臺後集等三書，衢本入樂類，不如袁本入總集爲宜。

5.袁本小學類在法帖釋文之前，有淳化法帖、武陵法帖二書，衢本無，使法帖釋文的解題上無所承，當有脫簡。

5.袁本解題，也有爲衢本所無而有用的，如卷六重修太祖實錄條袁本有「起建隆元年庚申，止開寶九年丙子十月。」與各朝實錄一例，衢本誤脫。而卷八地理類三輔黃圖條袁本解題不僅多於衢本，所述也詳明得多。又如上述中庸解，衢本僅述撰人，袁本則有「如其辨詩書者也。」一句。又如卷十儒家類曾子、子思子、趙岐孟子等條，袁、衢二本出入很大，各有所長，袁本且較勝。

6.卷十九衢本缺一〇六種，晁氏新城集用袁本補，孫氏似有意不明說。其他用馬考補的各條中，如宛陵集、劉公是集、蔡君謨集等條，袁本都比衢本所據馬考補的敍釋，多了不少，爲孫猛所知，却輕言

「配補文字大致與原貌相去不遠。」而袁本偶有脫句，便指為殘缺。

7. 謂陳振孫曾見衢本，而未舉證。

其實衢本係經過公武補正，雖有些缺點，自是瑕不掩瑜。袁本雖係初稿，然如有勝處，也應表出，以供參考。就事論事，不偏不倚，才是評論二本優劣的正確態度。而袁本所載雖或是不全，或是不如衢本的解題，却也是討論板本上的資料。如果兩相對照，便可看出公武是如何修改，從而可以體認怎樣才能寫得好解題，這要比用四庫總目提要和書前提要對勘，得益還要大。

孫猛除了比較並評論衢、袁二本的得失，對後志和附志，也有所論述、批評。

捌、後　志

至於姚應績的補正本，孫猛認為也出於公武之手，證據如下：

一、全書用予、公武等第一人稱凡四十五處，同見衢本和前志的十三處，同見衢本和後志的六處，僅見前志的二處，僅見衢本的二十四處。又如稱晁子健為姪，公遡為弟，冲之為先君子，也都出於公武的口氣。

二、公武據以補正的藏書中，有大量是他南渡後的收藏。尤其是晁氏族人的著述。

三、解題中多記公武校書的情形和結論，如管子、金鑾密記、太玄經、沈亞之集等。

四、范成大的石經始末記中，錄有公武的石經考異序和古文尚書序，與補正本的文字可相互印證。

趙希弁摘編後志，便是取衢本所有而袁本所無各條，類次而成。不過體例不善，失去衢本原面目。因爲他刪除了三十六種書的解題，而僅存其目。對衢本與前志同見的書，不論其書名、卷數、撰者和解題是否有差異，衢本的解題如何補正，均予刪去。希弁在後志之前抄錄了衢本目錄，後志末編了兩本考異。然由於疏略，編次失序，遺落正多。衢本中至少有三十多種書未能編入後志，甚至不見於附志。形成前志加後志加附志，在質和量上都並不等於衢志加附志。(注一二)

玖、趙希弁和附志

一、趙希弁史乘無傳，筆者曾就附志等所輯，記成傳略，今刪節於下：

希弁字君錫，袁州宜春人。江西漕貢進士，秘書省校勘書籍。宋太祖九世孫，燕王德昭之後，師同子，出嗣師向。生父紹定元年爲衡山令，官終郴州佐貳。卒，程公許爲撰墓銘。希弁藏書遇有異本，每校勘異同。附志所記，有讀史補注、通鑑綱目考異、續通鑑長編補注、建炎以來中興繫年要錄補注、仰山孚惠廟實錄續錄五卷。又曾校韓集、柳集、濂溪集，考千字文、華嚴經等。讀書志記有端平己亥（按：端平無己亥，當是嘉熙三年，一二三九。）後志序題淳祐庚戌（十年，一二五〇），附志釋書類四十二章經條，有「希弁嘗聞朱文公」云云。則其時代當在淳熙到淳祐以後，歷孝宗、光宗、寧宗、理宗四朝，年壽不少於七十。

所撰附志上下卷，是取家所藏書，刪其與晁志重複，摭所未有。如與晁志重見，必是卷數、內容或板本不同。所以並非全部收藏。上文論晁志時，對附志已有些論述。今節錄張元濟晁志跋中涉及附志部分如下：附志諸書凡四百六十九部，除衢本已見三十三種，直齋書錄略有並見外，皆佚目也。附志不登馬考，其書久佚可知，陳刻出而始傳，當時豈非瓌寶。

拾、對晁志的批評

陳錄、馬考、玉海等都是徵引很多序跋、書目做參考，其中包括晁志，在取捨之間，無異是對這些書目批評其優劣。

焦志附錄糾繆，就晁志分類欠妥處，指出十條，計三十一種書。或僅云入某類爲非，如荊楚歲時記入類家非。或再云當改入某類，如漁樵問對、晁氏儒言、信聞記，以上入經解，非，改儒。又末條考撰脞說的張君房，不是張唐英。

四庫全書著錄袁本，提要全是考證袁、衢二本，及和馬考的關係。且書有殘缺，末句云：「書雖非舊而梗概仍存，終爲考證者所取資也。」提要於宋以前各書，頗引晁志做參考。有時並正其缺失。如易類周易舉正條提要引晁志稱原序改正一百三十五處，而實爲一百三處，則晁氏所云疏舛。禮類陳祥道禮書提要，晁公武稱朝廷聞之之說非其實。加以鈔輯，可供校讀晁志時參考。

張宗泰魯巖所學集卷六跋晁志，頗論其解題疏失，後志之不當，和刋本錯誤。

瞿中溶晁志考辨學要序云：晁子止學問在宋人中，可與二洪、王深寧相伯仲，此書跋語之精，自遠過趙君錫。

姚振宗隋書經籍志考證，選錄晁志有資考證各條，遇有缺失，並加訂正。如傳記類比邱尼傳條引晁志云：起晉升平，以檢淨爲首。姚按：自序云起晉咸和，又檢淨誤乙。儒家類晏子春秋條引晁志：柳宗元謂自向歆彪固皆錄之儒家，非。姚按：班彪但爲後傳，未有表志。又別集類王粲集引晁志：今集有八十一首，反多於史所紀二十餘篇。姚按：史所言篇數，或以卷分，或以類分。晁氏以首數爲篇數，似不然。又曹植集、江淹集，其誤相同。又庾信集條引晁志云：信，孝閔時終司憲中大夫。姚按：信終於司宗中大夫，隋開皇初卒。晁志非。

劉兆祐教授撰晁公武及其郡齋讀書志，其第六章論其優點與缺點。略云：其價值：一、可補宋志之不足。二、書名標題詳確，舉別集書名與宋志所載比較。其優點：一、體製完備。二、功用宏著，推尋事蹟，剖判源流，考證詳實。缺點：考證有疏誤，部居未盡恰當。

拾壹、對晁志的利用

陳錄明言引用晁志的二十一次，採用晁說而未明言的更多。陳氏與晁氏有別者自亦不少，舉其大者；晁氏頗重釋家，陳氏則於所著錄之經籍中右佛者，既鄙其爲人，而斥其書於雜家。

王應麟所撰玉海、漢藝文志考證、困學紀聞、小學紺珠、詩考等引用晁志共約一百〇七條。

馬考於晁志、陳錄都有的各書，書名、卷數、撰人及分類多從晁志。也有晁志、陳錄有而不引的，取捨之間，沒有很好的原則。而且對解題每加刪節改竄，不可全信。經義考、四庫總目、鄭堂讀書記、快閣師石山房叢書等，每引晁志做考證之資，遇有缺失，也能加訂正。

書林清話但知鈔明清以來的公私書目和宋元以降的筆記文集等。又認爲尤目創記板本之例，而晁志、陳錄無所謂重本、異本。因而對晁、趙、陳三目裏近三百條的板刻資料，全不知徵引。到王國維撰五代兩宋監本考、兩浙古刋本考、葉長清撰閩本考、封思毅撰蜀本考，都知道引用，而或不免有卦漏。四庫館輯陳錄，錢東垣等輯崇文總目，趙士煒輯中興館閣書目等，葉德輝考證四庫闕書目，劉兆祐教授撰宋史藝文志史部佚籍考，都大量徵引晁志和陳錄中的佚文，或引解題做參證之用。因爲同是宋代書目而又有解題。和各種其他書目相參證，彼此間的異同，便顯然可見，在考訂晁志或陳錄時，又可供參考，而省去翻檢之勞。

僞書通考對晁志、陳錄中辨僞資料，徵引而不加案語，不過和其他資料相參證，其間異同是非，自然明白。劉兆祐對晁志中辨僞的資料，曾有討論（注一三），更可訂正晁志和僞書通考的疏失。

以上爲各家書目利用晁志情形。而晁志中文史資料，雖也偶見利用，然遠不及上述書目，管見所及，也得數端：

學術史　晁志辨章學術，考鏡源流的意旨，治學術史的罕見徵引。麥仲貴撰有「宋元理學家著述生卒年表」，（注一四）據文集百餘種，就宋元學案所載諸人，記其生卒年、科第、仕宦、遊蹤、著述年月。然未利用晁志、陳錄、玉海藝文等。所以引據的書雖多，而所得有限。晁志此類資料尤多。

傳記　晁志對各書著者，每述其里年、仕履、行事，雖頗簡略，然足資考證。宋人生平，其他傳記資料無考的，或可得之晁志及陳錄。而編宋人傳記資料索引的，均未能及於晁志。檢索不易，遂使讀者殫於利用。

史事　晁志所述史事，如宋代修撰實錄、會要等經過，也間及朝政。其他各部類也偶記史事。這些記事，宋史、會要等所記自較詳實，然當也可拾遺訂誤，或互相參證。

詩文評　治文學史及文學批評的，對簿錄之書，或能利用四庫全書總目，而少能及於晁志和陳錄。近年資料性的書籍，已稍知利用，而多掛漏。如古典文學研究資料的陶淵明卷、李白卷、杜甫卷、白居易卷等，或偶見引及而不完備，或竟不知引用。

崇文總目輯本敍釋文字殘存不多，郡齋讀書志是今存最早的解題書目。無論在體例上或內容上，都最具承先啓後的功能。所論述的多是北宋和南宋初的著述，這一方面的資料不多，尤足珍貴。

〔附　注〕

注一　建炎以來繫年要錄卷一五六有節文。李燾卒於淳熙十一年，所以公武當卒於此年之前。

注二　分見繫年要錄卷三七、一三五、一三六、一四六。

注三　見太倉稊米集卷六十七。

注　四　見書林清話卷一。
注　五　見王德毅晁公武研究，二、編年事輯。載臺灣大學文史哲學報三十一期，七十一年十二月，臺北。
注　六　載文史第二十輯，一九八三年，中華書局。
注　七　見目錄學發微五、小序。
注　八　見涉園序跋集錄，郡齊讀書志跋。
注　九　見直齋書錄解題作者陳振孫，大公報文史周刊第六期，民國三十五年十一月二十日。
注一〇　同注八。
注一一　同注六。
注一二　同注六。
注十三　見晁公武及其郡齋讀書志研究第三章第一節，郡齊讀書志之體製。
注一四　民國五十七年香港新亞研究所印行。

第三節　遂初堂書目

宋志卷三目錄類：遂安初堂目錄二卷、尤袤集。按：當作遂初堂書目一卷。今簡稱尤目或遂初目。

壹　撰　人

尤袤，字延之，常州吳錫人。紹興十八年（一一四八）進士，爲秘書丞兼國史院編修官，累遷太常少卿，官終禮部尚書。以國事多舛，積憂成疾，紹熙四年（一一九三）卒，年七十，諡文簡。嘗取孫綽遂初賦以自號，光宗書扁賜之。所編書目外，著有遂初小稿六十卷、內外制三十卷。今僅四庫全書收其梁谿遺稿一卷，常州先哲遺書析爲二卷，補遺、附錄各一卷。又全唐詩話三卷，舊題袤撰，而實爲賈似道撰。

淳熙八年（一一八一）尤氏刋李善注文選六十卷於貴池，故宮博物院、北平圖書館、中央圖書館各有一部，是今傳李注文選的惟一善本，後世多次據以翻刻。刋行時尤氏曾考其異文，常州先哲遺書收有文選注考異一卷。查遂初堂書目總集類，有李善注文選、五臣注文選各一種，李注本也許就是其所據以刋行的底本。

貳 收藏

馬考卷三十四遂初堂書目條引誠齋序略曰：

> 延之於書靡不觀，觀書靡不記，每退公則閉戶謝客，日記手抄若干古書。其子弟及諸女亦抄書。一日謂予曰：吾所抄書今若干卷，將彙而目之。饑讀之以當肉，寒讀之以當裘，孤寂而讀之以當友朋，幽憂而讀之以當金石琴瑟也。乃屬予序其書目。

此序又見楊萬里誠齋集卷七十八，文字小有出入，而作益齋藏書目序，可知又名益齋書目。而今本書目卷末所載這段文字作李太史燾云，應是錯了。

書目卷末又載魏了翁跋：「予生晚不及拜遂初先生，聞儲書之盛，又恨不能如劉道原所以假館於春明者。寶慶初元（一二二五）冬得罪南遷，過錫山，訪前廣德使君，則書厄於火者累月矣。……尤氏子孫，尚思所以勿替先志云。」

陳錄卷八：「遂初堂目一卷錫山尤氏尚書袤延之，淳熙名臣，藏書至多，法書尤著，嘗燼於火，今其存亡幾矣。」藏書很難保存長久。

尤目藏書部數，今核計於下：

經部　總經一八　周易八一　尚書一八　詩二一　禮五九　樂二八　春秋五一　論語（孝經、孟子附）三五　小學四九　共計三六〇部

史部　正史二七　編年三七　雜史七七　故事一五　雜傳四七　僞史二五　國史八九　本朝雜史七五　本朝故事五八　本朝雜傳六五　實錄二二　職官七四　儀注四五　刑法三三　姓氏三四　史學四九　目錄二九　地理一八六　共計九八七部

子部　儒家一〇六　雜家四七　道家一一四　釋家六一　農家二一　兵家三八　數術九五　小說家二〇一　雜藝五二　譜錄六四　類書七〇　醫書五四　共計九二三部

集部　別集六四三　章奏一〇〇　總集一一六　文史二九　樂曲一四　共計九〇二部

以上總計三一七二部

李淑所藏通計一八三六部。晁志衢本一四六七部，袁本加後志計一四五八部，卽使再加上趙希弁的附志四六九部，也僅有一千九百多部。都不過尤目的三分之二，尤目却得不到應有的重視。這主要是因爲沒有解題，甚且不記卷數，多數的條目，連撰者姓名也沒有，祇有書名而已。不過却有一項特色，那就是記板本。

叁　體　例

甲　記板本

書林清話認爲尤目創書目兼言板本之例，這是指其中所載下列各書：

經總類　成都石刻九經論語孟子爾雅、杭本周易、舊監本尚書、京本毛詩、舊監本禮記、杭本周禮、舊監本左傳、杭本公羊傳、杭本穀梁傳、舊監本論語、舊監本孟子、舊監本爾雅、舊監本國語、高麗本尚書、江西本九經。

正史類　川本史記、嚴州本史記、川本前漢書、吉州本前漢書、越州本前漢書、湖北本前漢書、川本後漢書、越本後漢書、川本三國志、舊杭本三國志、舊杭本晉書、川本晉書、舊本南史、舊本北史、舊杭本隋書、舊杭本舊唐書、舊杭本前唐書、川本小字舊唐書、川本大字舊唐書。

編年類　川本小字通鑑、川本大字通鑑。

雜史類　舊杭本戰國策、遂初先生手校戰國策。

雜傳類　別本高士傳。

實錄類　朱墨本神宗實錄。

地理類　秘閣本山海經、池州本山海經、舊本鄭州圖經、舊本杭州圖經、舊越州圖經。

數術家類　別本甘氏經。

共計有四十六部書，板本則有成都石刻本、杭本、舊監本、京本、高麗本、江西本、川本、嚴州本、吉州本、越州本、湖北本、越本、舊杭本、舊本、川本小字、川本大字、手校本、別本、朱墨本、秘閣本、池州本等二十一種。可知當時板本已很多，需要加以分別。且如前漢書、舊唐書各有四種板本，史記、後漢書、三國志、晉書、通鑑、戰國策、山海經等七種書各有兩種板本，更需要分別注明，就是書林清話所說的重本、異本。不過晁志、陳錄雖然每種書都衹著錄一個本子，可是在解題中常說明其板本，甚至把該書其他板本，和其相互關係，詳加說明。

尤目所記板本，多係正經、正史，其他僅有十二種。所記板本，以浙江所刻最多，所謂舊監本、舊杭本，以及舊本，應都是北宋刻本。因爲從尤袤卒年上推到南渡時，也不過六十多年，即使紹興初年所刋，也不應稱爲舊本。北宋的刻書史料不多，尤目所記，很是珍貴。可惜僅說是舊監本，或刋行地。如能像晁、趙、陳三家，記得詳明些，那就更有用了。

乙　分　類

尤目共分四十四類，類目已見上文收藏部分。雖不分四部，而實依四部。史部對本朝史籍，另分國史、本朝雜史、本朝故事、本朝雜傳等四類。這是因為這些書較多，計有二百八十七部，比五代以前這四類的史籍總和都要多很多，而接近史部的十分之三。

子部雜家類總括法、名、墨、縱橫、陰陽諸家，雖有失考鏡源流的意旨。不過尤目中這四類一共祇有十多部，每類不過二到五部。圖書分類和學術分類究竟有別，有時也要顧到各類數量上的平衡。余嘉錫有說明：

> 向、歆類例，分為六略，蓋有二義：一則因校書之分職，一則酌篇卷之多寡也。所謂酌篇卷之多寡者，史出於春秋，後為史部；詩賦出於三百篇，後為集部。乃七略於史則附入春秋，而詩賦自為一略者。因史家之書，自世本至漢大年紀，僅有八家四百一十一篇，不能獨為一略，祇可附錄。附之他略皆不可，故推其學之所自出附之春秋。詩賦雖出自三百篇，然六藝詩僅六家四百一十六卷，而詩賦略乃有五種百六家千三百一十八篇。如援春秋之例附之於詩，則末大於本，不得不析出使之獨立。
>
> 而鄭樵乃謂世本諸書不當入春秋類，然樵又嘗曰：「月令乃禮家之一類，以其為書之多，故為專類。」夫可以書之多而分，獨不可以書之少而合乎？樵之予奪不一，宜其為章學誠之所譏也。
>
> 七錄子兵錄中陰陽部、農部，各止一種，墨部四種，縱橫部二種而已。儒、道、雜三部最多，恐有大半是晉以後之新著。以此推之，晉時子部之書，當亦無幾。此所以合漢志四略之書歸於一部也。

藏書之目，所以供檢閱。故所編之目與所藏之書必相副。收藏陳設之間，當酌量卷册之多少厚薄。從來官撰書目，大抵記載公家藏書，是以門類不能過於繁碎。甲乙之簿與學術之史，本難强合爲一（注一）。

余氏强調圖書分類，可以因書多而把一類再細分成多類，自然也可以因書少而把幾類書合併成一類。用這一論點去說明尤目把國史分四類，而法、名、墨、縱橫、陰陽五家入雜家，當可瞭然。後人雖有批評，不過如千頃堂書目、四庫全書總目等，仍以名、墨諸家併入雜家。說尤目是始作俑者也好，說是先覺也好，足見有如四部不能返爲七略。而圖書分類除了學術系統之外，也要兼顧各部類間在數量上不宜相差太多。

尤目中偶有小注，涉及分類的如：

論語類　類名下注「孝經、孟子附。」

僞史類　注「夷狄附各國史後。」

數術類　注「一天文　二曆議　三五行　四陰陽　五卜筮　六形勢。」

還有其他小注，以僅有幾條，附記於此：

國史類　哲宗國史「樂官職（疑有錯誤）志一册、臣傳一册。」按：說明殘存的內容。

本朝雜史　小心鏡「只欽廟一朝。」按：是全書的內容還是殘帙，不得而知。

儒家類　張無垢心傳語「語錄附。」

數術家類　六壬奥旨「奥一作秘。」按：當是刊行時校語，未必是尤目原有的。

丙　成書時間

尤目所附的毛幵序、楊萬里序（誤作李燾）、魏了翁跋、陸友仁跋，都沒有提到成書時間。宋志、陳錄，都題李淑編集。可是鐵琴銅劍樓書目卷十二所載尤目條却以爲：「此本殆燼餘之目矣。且放翁集亦錄入，是出尤氏後人所輯，非原書也。」

按陸游卒於嘉定二年（一二〇九），在尤袤卒後十六年，而且放翁集編成更晚。不是尤袤所能見到的。尤目中又有楊誠齋詩，楊萬里卒於開禧二年（一二〇六），詩集也編成於嘉定間（注二）。我想這未必都能成爲尤氏後人所輯的證據，而可能是後人增入的。在書目中常有這類的例子。如果是燼餘之目，不可能有這麼多，而且毛魏諸家序跋也未提到。又如雜史類有遂初先生手校戰國策，也不像尤氏自己編入，而出於後人附益的。

肆　後人的批評

尤目既沒有解題，且多僅記書名，除非績學之士，很少人會加以引用，也就少有人批評。今酌舉幾家。四庫總目卷八十五尤目提要略云：

其例略與史志同，惟一書兼載數本以資互考，則與史志小異耳。諸書解題，檢馬氏經籍考無一條引及裒說，知原本如是。惟不載卷數及撰人，則疑傳寫者所删削，非其原書耳。其子部別立譜錄一門，以收香譜、石譜、蟹錄之無可附者，爲例最善。間有分類未安者，如元經本史而入儒家，錦帶本類書而入農家，琵琶錄本雜藝而入樂之類。亦有一書偶然複見者，如大歷浙東聯句一入別集，一入總集之類。又有姓名譌異者，如玉瀾集本朱槔作而稱朱喬年之類。然宋人目錄存於今者，崇文總目已無完書，惟此與晁公武志爲最古，固考證家之所必稽矣。

周中孚鄭堂讀書記卷二十八：

宋人書目，如鄭氏之藝文略，止就史志舊目著錄，不必目驗。惟崇文目、讀書志、附志、書錄解題及是目，俱就所見而著之，則亦彌可寶貴矣。

梁啓超圖書大辭典簿錄之部云：

晁志、陳錄、尤目所載，皆手藏目睹之書，研究宋代載籍者，當視爲主要資料，視史志尤足重也。

劉兆祐教授曾考晁志與宋志中同爲一書，而書名題署歧異，尤以集部爲多，如宋志劉敞集，晁志作劉公是集，宋志王珪集，晁志作華陽集等例。認爲宋志殆多未見其書，但據傳記或其他記載傳錄。而晁志皆其所目驗，因而見宋志疏略，晁志詳確。(注三) 用這一方法來看尤目，則近於晁志而比宋志好。可以爲周中孚和梁啓超的說法做佐證。

尤目太簡略，很少人利用。只有偶然引證書名異同，是否著錄，去考一書在當時的存佚情形。要想發揮尤目的功用，宜做一番校證的工作，徵引以宋代爲主的各家書目，考其異同。

伍　板　本

依據尤目毛序和陳錄，以及各種傳本，都是一卷，宋志作二卷，當誤。前引四庫總目認爲原本無解題，而卷數和撰人，疑傳寫者所删。然明初陶宗儀輯入說郛，注云「一卷全鈔。」未必經人删削，而原本便係如此。（注四）不過可能有些脫誤。如刑法類「建炎元年以後續降錄」，下面空了一條書名的位置，而次行「紹與二十七年至三十一年春攽」、「紹與二年書攽」，都沒有書名，當係鈔寫時有脫誤。

尤目收入明鈔本說郛卷二十八，涵芬樓據張宗祥校本排印，後來商務印書館多次重印，新興書局也多次翻印。

廣文書局據說郛本翻印，收入書目續編。

宛委山堂重編本說郛卷十，也收有尤目。

還有清道光間所刋海山仙館本。商務印書館據以重排，收入叢書集成，新文豐出版社的新編叢書集成據以翻印。藝文印書館的百部叢書集成則影印海山仙館本。

又有清光緒間盛宣懷刻常州先哲遺書本。

明鈔本說郛是今傳尤目的祖本，涵芬樓的排印本也校印精審。

附註

注一、見所著目錄學發微十、目錄類例之沿革。
注二、陸、楊二集編成時間，參見四庫全書總目卷一六〇。
注三、見所著晁公武及其郡齋讀書志第六章，郡齋讀書志之優點與缺點。
注四、參見說郛考篇目考。

第四節　直齋書錄解題

宋志補：陳振孫直齋書錄解題五十六卷，今本二十二卷。按：宋志補是淸初黃虞稷、倪燦遞編，所載的這條，當是盧文弨校訂時所記的。省稱書錄解題或陳錄。

宋代到寧宗以後，官府廢校書之業，所以缺乏官錄，宋志於寧宗以後多闕，雖經史兩部補充了一些不著錄部分，又是敷衍塞責。陳振孫卒於宋末，書錄解題成書於晚年，且留意於當代文獻，所以正好補宋志的未備，後來補宋志或考訂南宋後期著述，便多依賴陳錄。至於馬考和玉海等，成書雖晚於陳錄，不過多據已有的書目抄輯，馬考且多引據陳錄。此外所記寧宗以後的資料很有限。而在體例和分類上，陳錄又有承先啓後之功，又所記板刻資料兩百多條，尤其是研究宋代刻書的重要史料。

壹　撰　人

陳振孫，字伯玉，號直齋。祖貫永嘉，本籍安吉州。就是現在的浙江省吳興縣。宋嘉定四年（一二一一）做溧水教授，三年去官歸里，起補紹興。曾經掌鄞學、宰南城。在通判興化軍時，審理楊氏告他的兒子和媳婦不孝的案子，當時人都佩服他能體會立法的本意，在維護倫常的立場去判決。他又做過軍器監簿、諸王宮大小學教授。端平二年（一二三五）以朝散大夫出知台州，兼代浙東提舉，嘉熙元年（一二三七）知嘉興府，兩年後改浙西提舉，任內曾行藥萬戶、停廢醋庫，很受地方人士的擁戴。又內調國子司業，最後以某部侍郎、通奉大夫、寶章閣待制致仕。卒年約在景定二、三年間（一二六一、二），贈光祿大夫。假定他在三十歲以前便開始做官，年壽也近八十歲了。

他所到的地方，儘量傳錄圖書，宋周密齊東野語卷十二說：

「至若吾鄉故家，近年惟直齋陳氏書最多。蓋嘗仕於莆，傳錄夾漈鄭氏、方氏、林氏、吳氏舊書，至五萬一千一百八十卷。且仿讀書志作解題，極其精詳，近亦散失。」

周密所述當時的一些著名藏書家，甚至包括內府的收藏，都沒有達到五萬卷的，足見直齋收藏之富了。其實據解題所記，直齋所到的地方，從不放棄可以傳錄圖書的機會。就以在莆田來說，有些書便是從鄭寅、劉氏、李氏和未記名氏處傳錄的。

所收藏的書，還要找些不同的本子一再校補，在解題裏常有記載。可惜時代久遠，歷經變亂，如今都看不到了。

振孫「其文秋濤瑞錦，其姿古柏寒松。早號醇儒，得淵源於伊洛；晚稱名從，欲輩行於乾淳。」(注二)排斥墨家、釋道等異端，不遺餘力。對忠孝節義之士，則極力表揚。宋室南渡，國勢不振，到了振孫那一時期，外侮日亟，國勢日非。振孫目擊時艱，對呂惠卿等誤國之輩，屢加斥責，甚至如王安石，也僅稱許其詩文，而貶抑其政治學術。所以他在解題裏面，對於「異端」，如墨家的學說，道、佛兩教和佛家的學說，以至陸象山一派的學說，都不遺餘力地加以排斥。甚至對於顏氏家訓，因其崇尚釋氏，而不入儒家。

那時金人的政權雖已亡了，可是對南宋的臣民來說，還有遺恨，所以凡是提到金人，都用「虜」字。而四庫館臣輯鈔的時候，多改成「敵」字或「金國」等字樣。舊鈔本和文獻通考所引，還保留了原文。金人雖去，韃靼又接着爲患，宋人疆土日減，所以振孫憂國憂時意念，常從解題裏流露出來。他很懷念北宋承平時代，每當看到那一時期書物，都不禁感慨系之，所以他搜訪整理圖書，不祇是在增加收藏量，而是要多識前言往行，瞭解前代儒者所做所爲，給自己做一榜樣。他寫書錄解題，也不僅是要考證這些典籍的著者，內容、傳本，而是要寫出他爲人處事態度和他的學術思想。

振孫既富藏書，又勤於校讀，著述便多。如今有傳本的，書錄解題之外，有白集年譜，清初毛氏汲古閣有藏本，康熙間一隅草堂刋附白香山詩集卷首，四部備要本又據以排印。劉師培編歷代年譜大成，所收白譜附有新譜補錄，摘振孫所撰和汪立名新譜異同二十八條，多係時事，而涉及白居易生平的很少。

又有序跋詩文多篇，散見各書。筆者曾輯錄成遺文一卷。振孫應有詩文集，可惜連集名也不傳。已亡佚而可考的著作有：易解、繫辭錄、書解、書說、史鈔、吳興氏族志、吳興人物志、元眞子漁歌碑傳集錄等。書雖不傳，其易學、書學等大旨，還散見其書錄解題中。

貳 收 藏

宋代藏書家，或是世代收藏，或有高官厚祿，或如晁公武有井度贈書，多有所憑藉，不然收藏數量便不能豐富。而陳振孫却是在「未冠時，無書可觀，雖一史亦從人借。既仕於越，乃得見林氏書。」(注二)不過他幼年至外家李氏，在廢書中得舊京本玉臺新詠，多錯誤，想找他本校正，不獲，嘉定八年在會稽，借到豫章刻本才五卷，和石氏所藏錄本，補亡校脫，於是書復全。(注三)可知自幼便好書。服官之後，交遊既廣，隨時搜求。就陳錄中所記的，如：掌鄞學時從同官薛子然借錄長樂財賦志十六卷，又傳錄魏邸舊書琴譜八卷。宰南城時在賣故紙的得開運丙午刋九經字樣一卷，是家藏書籍最古的。從林遊錄其父憲的雪巢小集二卷。從盱江晁氏錄邠志三卷，吳炎錄以見遺的有雜相書等三十六種十九卷。參同契分章通眞義等三種五卷，錄自麻姑山。爾雅未云得自誰家。通判興化軍時得易林十六卷。易傳等四種三十一卷，都得自鄭氏。後魏國典，從劉氏借錄。獨斷等六種十五卷，自李氏傳錄。未記姓氏的，有元經薛氏傳等三種。知台州時自李庚得崔國輔集一卷。任浙西提舉時從平江處邱寺借錄太宗御製御書目等六種十三卷。又從天慶道藏中借錄雲笈七籤等二種一百三十卷。還有不知傳錄時地的，唐小年錄等傳自新安程大昌家，從張佖得琴譜等（注四）。可知他隨時隨地，都在徵訪圖書。不過所記不到百種，除雲笈七籤有一百二十四卷外，多是一兩卷的。比起他所藏的三千多種，五萬多卷，實不足道。如果他能多記來源，不僅是書林掌故，也是很有用的社會史料。

振孫以一生之力，成爲當時收藏最富的藏書家。對遊戲筆端之書，書坊射利之册，也藏之以備名數。廣備異本，以便校勘。卷帙過鉅的先存其目，求而未得，或所藏非足本的，則記下以待徵訪。他任浙西提舉時，於和靖書院作藏書堂。在莆田時晤藏書家鄭寅，晚年得其書目，又見到鄭樵子翁歸。對公私藏書聚散情形，也很留意。如館閣書目著錄情形，榮王宮火所焚燬的圖書。唐蘇冕，宋吳與、尤袤、葉夢得等藏書情形。都是藏書史料。（注五）

振孫不僅究心於藏書，也很注重校書。校書要多得異本，陳錄稱爲別本，用以校正訛誤，補足闕佚，編次異同。如於元和姓纂、易林、木鐸集、方秘校集等。如無別本可校，則記下以待徵訪。如尚書大傳、高史小史、劉司空集等。因而他對古籍存佚，材料來源，都能洞悉。如他屢言隋以前文集全者無幾，多鈔自類書、史傳、總集，如宋玉集、董仲舒集、揚子雲集、陳思王集等。御覽每因諸家類書之舊，所以引用的書，多不著錄於三朝國史。夷堅志多取廣記中舊事，改竄首尾。這都說明了原始資料亡佚的情形，或是經改竄的情形。而如藝文類聚所載詩文賦頌，多有振孫所無之文集。太平廣記輯自野史、傳記、故事、小說。又是鄭樵所說名亡而實不亡之意。（注六）

叁　成書和流傳

陳錄的編撰，據陳錄卷五典故類長樂財賦志條云：往在鄞學借錄之。「及來」莆田，爲鄭寅子敬道之。又卷七傳記類鄭樵家傳條：鄭翁歸述其父樵漁仲事跡，「頃」佐莆時猶識之。從及來、頃等語氣，可知是當時所記。時在寶慶間通判興化軍時，上去振孫初出仕，已十多年，得書已多，當在這以前便已開始，祇是文獻無徵罷了。書中所記年月，以卷十二卜筮類易林之嘉熙庚子四年（一二四〇）爲最晚。而陳樂素據春秋分紀、晁氏讀書志諸條，考知「解題之作，至淳祐九年、十年致仕之時而未已。」（注七）

然在振孫生前，程棨已得而批注。卷十二曆象類唐大衍歷議條隨齋批注：「自寶應之後以迄於今，幾五百年皆宗之而不能易。」按從寶應元年（七六三）下推五百年，爲景定三年（一二六二），即振孫卒年。可知批注在其生前。

但宋元明三代，流傳不廣，很是罕見。馬端臨、程棨兩家，都和振孫有往返，所以能見陳錄。而元人袁桷雖得振孫遺書數十種，而不但未見其目，而所聞也非實。博雅如王應麟，在玉海、漢志考證、困學紀聞等書中，未能徵引到陳錄。

永樂大典全載陳錄，知明初內府還有完本。而正統間所修的文淵閣書目，其類書類僅有「書錄解題一部七册，闕。」到萬曆間編的內閣藏書目錄，連殘本也不存。而焦竑的國史經籍志，其簿錄類家藏總目之屬，載唐到明凡三十二種，而無陳錄。卷末所附糾繆，駁正史志和崇文目、鄭略、晁志、馬考等書目的失誤，而不及陳錄。足見焦竑不僅未見，甚且不知，不然當著於錄。

書錄解題的存亡和傳本，略述於下：

肆　傳　本

甲　刊　本

朱彝尊云常熟毛氏有半部宋槧本，訪之不獲，從通考彙鈔，不分卷二冊。(注八)不過陳錄成書於下距宋亡僅二十多年，已見上文。如果宋代曾刊行，不應如王應麟等都未曾見到，而明初便已罕傳。

四庫簡明目錄標注卷八云：「抱經堂盧氏有新訂此書五十六卷，次序與聚珍版不同，係從不全元刊本重爲校訂。」按盧氏跋文，實作「丁酉王正復得子集數門元本於知不足齋主人所。」元本是說原本，以別於四庫輯本。盧氏羣書拾補，卽有用元本指原本之例。(注九)

標注又載有明萬曆間武林陳氏刋本，莫友芝知見傳本書目同。武林去吳興不遠，好像是振孫的鄉人或後裔所刋。不過明末以來，不曾有他人見過此本。朱彝尊編經義考、明詩綜等，採輯書目略備，也未提到過。修四庫全書時，各省多次進呈圖書，又以浙江最多，都沒有陳錄，祇好從永樂大典輯出。

乙　四庫輯本得失

四庫全書本書前提要略云：此書久佚，惟永樂大典全載之。第當時編輯草率，訛脫頗多。今門類一仍其舊，而解題則詳加考核。古書之不傳於今者，得藉是以資徵信。而其校核精詳，議論醇正，於考古亦有助焉。

四庫館臣引證了文獻通考二百七十一次，宋志六十九次，唐志五十六次，晁志和附志二十二次，加上其他公私書目總計十一種，四百三十多次。又引宋史二十多次，唐書約十次，加上其他資料，總計十四種，約五十次。

其所校訂的項目，一、關於卷數異同或訂正的約一百七十條，以引馬考爲最多，因馬考所載書名和卷數，多據崇文目或晁志，所以每與陳錄不同。二、關於著者異同或訂正的約四十條，也以馬考爲多。三、書名異同十多條，如與馬考細校，定多異同，然不很重要，館臣也不甚留意。四、用馬考補大典本，計四十三條，其中全據馬考補入的九條。又用馬考校訂的十二條。五、用宋史等訂原本脫誤，然馬考所引不誤，而與館臣校訂相合的十三條。六、指出重出的二條。七、訂正錯簡一處。八、其他百餘條，以瑣細而無關弘旨爲多，較有價值的約三十多條。

提要說對解題詳加考核，實非虛語。然也有些缺失，清張宗泰魯巖所學集有四跋陳錄，指正錯字若干條，而五跋指陳缺失五則，如後唐廢帝實錄條張昭下案語，應在次頁周太祖實錄條下，這是錯簡。如果細加推敲，如卷八目錄類崇文總目條下案語，說因鄭漁仲之言，去其敍釋。爲錢大昕所駁。（注十）而提要說：「此書久佚。」也待商榷，因各家書目時見舊鈔殘本，共計二十多卷，約是全本的半數。

丙　舊鈔本

如瞿目有文淵閣鈔本四卷，經毛晉、季振宜、朱彝尊等遞藏，流傳有自。盧文弨據此殘帙和鮑廷博的子集數門元本以校訂陳錄爲五十六卷。陳鱣、吳騫都曾用舊鈔原本校四庫本。宋筠有舊鈔二十卷，後歸繆荃孫，再歸李盛鐸。有這些殘本，因能據以校訂大典本的缺失。

丁　各家校本

盧文弨有新訂直齋書錄解題跋，記述其校訂情形，傅增湘曾予以迻錄。吳騫曾得舊鈔殘本，手校於卷十二至十四、卷十九至二十二之上。陳鱣也曾校補十數條。潘祖蔭、王國維也各有校本。繆荃孫所藏舊本最多，凡二十卷，藝風藏書記卷三云：「與大典本相校，釋氏類多一條，雜藝類七條，類書類二條。其餘字句，亦多異同，荃孫另撰考證。」與傅增湘所錄盧文弨校勘結果，有些出入，如無史部，釋氏類爲盧校所無，雜藝類同盧校。

各家校本俱不得見，僅盧文弨所校因傳增湘傳錄異文，而另外沒有隻字說明，試加推測，其增補條目或文字較多的地方，可以看做是據舊鈔本校的，有下列各卷：

卷六　齊齋諫臺論後補金國官制一條，通考也有。

卷八　凡補雍錄、江行錄、九華總錄、南詔錄、至道雲南錄等，共五條。然而據通考可補聚珍版本的東京夢華錄、吳興雜錄、北戶雜記、南行錄、嶺表錄異等條，則未見增補。那麼盧氏所據的舊鈔本各卷，也未必便是原本的完帙，而中間有脫文。

卷九　補辨志錄。

卷十　補洛陽貴尚錄。論衡條後半同通考而和聚珍版不同。

卷十一　東齋記事後補該聞錄，而雜纂前通考有知命錄，盧校無。

卷十二　道院集要後補林間錄、龍牙和尚頌兩條，前一條解題僅有僧惠洪撰四字，後一條連撰人姓名也沒有，這不合書錄解題的體例。

卷十四　盧校補北海公觀錄、南唐香錄、北苑茶錄、茶錄、品茶要錄、鼎錄、古今刀劍錄、實賓錄，凡七條，所以盧氏在跋文中說：「其雜藝一類，較館本獨爲完善。」

卷十五、卷十九至二十二，雖然盧校沒有增補全條的地方，却有增補字數較多的地方。

傅氏的校記，又曾提到聚珍版所有而爲盧校所無的：例如：

卷九　小學書條，盧校本無。

卷十　秦少游蠶書，盧校本無此條。

這種情形，也可以看做盧氏據校舊鈔本有這兩卷的佐證，不然，何從知道沒有這兩條呢？照這樣看，盧氏所根據舊鈔本，就不止是楚辭類和別集類殘卷，以及子史數門元本。應當還有其他資料，盧氏惜未在跋文或校記中說明。

盧氏會不會用文獻通考去校呢？不會的，因爲他的校語，固然有和通考相合的，因來源相同，不足爲奇。不同的則很多。而且羣書校補對卷五元祐黨籍列傳譜述條中通考的異文，說「此皆非舊本所有」，都可證明他未用通考。

筆者利用書錄解題，二十年間寫了十多篇文字，深感聚珍版不足據，而前賢的校本，又不可見。因而自行搜尋資料，如有所見，隻字不放過，日積月累，彙校成帙。底本用廣文書局書目續編的影印聚珍本，校勘的結果，有爲前人所未注意到的。分述如下。

一、傅增湘傳錄淸盧文弨校記分載民國三十年香港編印的圖書季刊新三卷各期，傅氏所錄雖細，而無說明文字。頗疑係據傳寫本轉錄。

二、文獻通考　佚文二十四條，部分和盧校重複。不同甚多，四庫輯佚時未充分利用。四庫利用宋史中紀傳和藝文志等校訂的地方，常和通考所引陳氏曰相合。當時如知道充分利用通考，可省去不少周張。通考有不少脫誤的地方。如：

1.引陳志而不標明陳氏曰的，計二十九條。

2.誤標晁氏曰的八條，誤標晁氏又曰的一條。

3.誤標張氏曰的一條。

4.引用晁志而誤標陳氏曰的一條。

校訂時稍有疏忽，便要跟着錯了。

三、經義考　朱氏所引「陳振孫曰」各條，多據經籍考。然曝書亭所藏舊鈔殘帙，後人如盧文弨且據以校訂聚珍版，朱氏自然會採用。朱氏引用陳志，不限定同一書的解題，有時綜合陳志中多種書的資料，寫成小傳。如不細核，容易誤成佚文。如：

經義考的胡宏易外傳，所引陳振孫曰出自陳志的皇王大紀、胡子知言、五峯集各條。

馬總論語樞要，出自通歷、唐年小錄、意林等條。

筆者撰有直齋書錄解題的佚文，參見本書卷末後記。

其他如影印四庫全書本，偶有文字上出入。各家評論陳錄的文字，也擇要記入。比起能直接利用舊鈔殘本去校勘的，便不足道了。

伍　體　例

陳錄在體例上多取法晁志等，而少有新創，不過也有值得一論的，如小序和分類，記板本，引用序跋等，今分述於下：

甲　小序和分類

陳錄有小序的計九類：語孟、小學、起居注、時令、農家、陰陽家、音樂、詩集、章奏等（註十一）是僅這九類有序，或各類都有，餘已亡佚，不可詳考。今存小序，都是論分類的。如卷十四音樂類：

劉歆、班固以禮樂著之六藝略，要皆非孔氏之舊也。然三禮至今行於世，猶是先秦舊傳。而所謂樂六家者，影響不復存矣。而前志相承，乃取樂府、教坊、琵琶、羯鼓之類，以充樂類，與聖經並行，不亦悖乎？晚得鄭子敬氏書目獨不然。其爲說曰：儀注編年，各自爲類，不得附於禮春秋。則後之樂書，固不得列於六藝。今從之，而著於子錄雜藝之前。

陳氏能把近似而易於混淆的各類之間，劃分清楚，且說明理由。

再實際上用幾部書的分類情形，做一說明。卷三經解類經典釋文條：「案前世藝文志列於經解類，中興書目始入之小學，非也。」五經文字、九經字樣兩條，則說：「二書却當在小學類，以其專爲經設，故亦附見於此。」羣經音辨條說：「題曰羣經，亦不當在小學類。」卷三小學類小序說：「自劉歆以小學入六藝略，後世因之。以爲文字訓詁，有關於經藝故也。至唐志所載書品、書斷之類，亦厠其中，則龐矣。蓋其所論書法之工拙，正與射御同科，今併削之，而列於雜藝，不入經錄。」同是講文字、讀音、訓釋的書。其中講經義的，收入經解；祇論六書，音切的，則入小學；至於不論是否合於六書，而祇論書寫技巧的，入雜藝，層次分明，自然就不會混淆了。

書錄解題的分類，也有可議的地方：

焦志說馬考「丁未錄、思陵大事記、阜陵大事記、建炎繫年要記四種入編年非，改起居注。」陳錄便是入編年，起居注所收僅限歷朝實錄。丁未錄等雖也記君主事跡，所以仍入編年。

清張宗泰魯巖所學集卷五有跋五篇，除訂正解題考訂的缺失外，也有涉及分類的。如「張華博物志，自合編入小說，乃雜家、小說並收，解題一語不異，則失之重沓矣。小說類之石林燕語、避暑錄話均葉夢得撰，而一漏於前，一編於後，亦爲失於照管。」確能指陳缺失。

陳錄的分類還有值得一論的，便是別史類。四庫總目別史類小序，認爲是陳錄所創，「以處上不至於正史，下不至於雜史者，義例獨善，今特從之。」姚名達中國目錄學史分類篇附和其說：「別史創於陳錄，惟宋志、四庫繼述。」

而馬考卷二十八通志略條按語云：

> 中興四朝藝文志別史類，載通志二百卷，其後敍述云：中興初，鄭樵采歷代史及他書，自三皇迄隋，爲書曰通志，倣遷固爲記傳，而改表爲譜，志爲略。……

這段文字最值得注意的是中興四朝藝文志有「別史類」，因中興藝文志早已亡佚，所以後世便認定別史類是陳振孫的書錄解題所創。根據馬氏的按語，在陳氏之前的中興藝文志便先有別史類了。中興志雖不傳，可是宋史藝文便以中興志做材料，宋志史部正有別史類，著錄了從王瓘廣軒轅本紀到洪偃五朝史述論，再加上修宋史時所增的不著錄二部，共計一百二十三部，二千二百十八卷。宋史雖修於元順帝至正三年（一三四三），然藝文志據原序則根據三朝、兩朝、四朝、中興四朝藝文志等四種，删併重復，合爲一志。

今人趙士煒有中興館閣書目及續書目輯考，其自序略云：「此目諸書所引，或曰中興書目、或稱館閣書目、或稱淳熙書目、或僅稱書目，凡分五十二門，以通考所引中興藝文志證之適合。中興志分類，本之此目，其書名卷帙，宋志多與此合，間有參差，不及百一。」又後序云：「宋中興國史藝文志序云：『今據書目、續書目（中興館閣二目）詮校而志之。』今中興國史已亡，壓門目尚存於通考。今按宋志每類書數間與之合。宋志編次，或以中興志爲依據。」所以宋志和中興藝文志的別史類，實依據中興館閣書目，中興館閣書目由秘書少監陳騤於淳熙五年（一一七八）所上。而書錄解題成書於宋末，要晚了將近一百年。

世人習以宋史修於元代，因而把宋史藝文志所代表的時代，也視爲元代。而忽略了其所依據的資料的時代。可是如果不是通考所引中興藝文志有別史類，這一頭緒，倒也不很容易理得淸楚。

乙　記板本

陳書錄記載板刻的，筆者在「書錄解題的板刻資料」一文裡，便搜集了二一二條，還有些遺漏的地方，如果把彙刻的叢書，像各地的圖經、百家詞等加以分析的話，當有四五百種光景，在量上便很是可觀。

至於陳氏著錄板本的體例，很是詳明，不是尤、岳、晁、趙各家所能比得上的。分別說明如下：

一、詳記刋書的時地人，所據的底本，是否完善。如卷九儒家荀子條：「淳熙中錢佃耕道用元豐監本參校，刋之江西漕司。其同異著之篇末，凡二百二十六條，視他本最爲完善。」

二、說明板本的淵源、系統。如卷十七別集類中東坡別集條：「坡之曾孫嶠刋家集於建安，大略與杭本同。蓋杭本當坡公無恙時已行於世矣。麻沙書坊又有大全集，兼載志林、雜說之類，亦雜以潁濱及小坡之文，且間有訛僞勦入者。有張某爲吉州，取建安本所遺盡刋之而不加考訂。中載應詔策論，蓋建安本亦無應詔集。」

三、說明各本的異同。如卷十七后山集條：「蜀本但有詩文合二十卷。案魏衍作集序云：雜詩爲六卷、類文爲十四卷，今蜀本正如此。又言受其所遺甲乙丙稿詩曰五七，文曰千百，今四明本如此。此本劉考蹟刋於臨川，云未見魏全本，仍其舊十四卷爲正集。」

四、雖未曾收藏的書，也附記其刻板，以備參考。如卷八地理類蘇州圖經條：「景德四年詔以四方郡縣所上圖經，刋修校訂爲一千五百六十六卷，以大中祥符四年頒下。今皆散亡，館中僅存九十八卷，余家所有，惟蘇、越、黃三州耳。」

由此可以知道當時所刋圖經，多到三、四百種。而南北宋間圖書散失的情形，很是驚人。

丙　徵引書目序跋

余嘉錫云：馬考全採前人之書，自爲之說者甚少。自崇文總目、晁書目外，時從文集及本書中抄出序跋，其體例極善。(注一一)其實晁志陳錄，也都引用了一些序跋，祇是比馬考删節較多。有時並不引用序跋文字，而祇記作序人姓名或兼記作序年月，爲後代編撰解題書目者所取法。就是馬考迻錄序跋，也未必不受些晁志的影響。

序跋之外，陳錄又常徵引各家書目。晁志，館閣書目等佚文，固然也常引用各家書目，不過也都不如陳志多。書目徵引序跋，余氏已有論述，今就書目方面，分析如下：

陳錄卷八目錄類所記解題目計有：

李淑邯鄲書目十卷，董逌廣川藏書志二十六卷，鄭樵羣書會記二十六卷，晁公武晁氏讀書志二十卷，陳騤等中興館閣書目三十卷，張攀等館閣續書目三十卷，王古法寶標目十卷，鄭寅鄭氏書目七卷。共八部。這些書目，除晁志今有傳本，館閣書目有輯本外，其他都不傳。李、董、鄭寅三目在解題中偶然引到或提到，還可以輯出一鱗半爪。解題書錄佛家書不多，他又不喜佛學。對鄭樵常有微詞，所以這兩家書目，不曾在解題中徵引。

他雖勤於徵引書目，可是並不鈔襲。拿晁陳兩目來說，都爲馬考的主要資料，常常並加引用，足見得彼此小同而大異。甚至有時先引陳錄，再引晁志；或是晁志雖有而不引，僅引陳錄。書錄解題中明說引用晁志的，僅有十三條，而且多是加以補充或訂正的。引李淑等書目也是如此。可見陳錄是創多於述的。

陳錄所引的書目，除了上文所述之外。常引歷代史志，如漢志、隋志。引唐志逾百條，然未分新舊唐書，僅有幾條是標明唐藝文志、新唐書志。還有僅標藝文志的，當都是新唐志。引館閣書目也近百五十條，另館閣續書目一條、續書目兩條。續書目時代較近不應祇三見，疑館閣書目各條中，也有是續編裡面的。引國史志的七條，又有三朝史志三條、三朝國史兩條、三朝志兩條、三朝藝文志一條、兩朝史志一條。書名不一，而三朝、兩朝也未能分別。這些地方，陳氏每不分清，令人不知究指何書。還有僅稱「志」的，由解題推度，當是唐志；又有「前志」，然上無所承。都不能不說是一些缺失。

振孫所徵引的各家書目，試加分析，有下列各種情形：

一、說明學術流變。如毛詩正義條引晁氏讀書志云：「自晉東遷，學有南北之異，南學簡約，得其精英；北學深博，窮其枝葉。至穎達義疏，始混南北以爲一。雖未必盡得聖人之意，而其形名度數，亦已詳矣。自玆以後，郊社宗廟，冠昏喪祭，其儀法莫不本此。元豐以來，廢而不行，甚無謂也。」

二、考書的眞僞，時代和流傳的情形。卷一易類子夏易傳條：「案隋唐志有卜商傳二卷，殘缺。陸德明、李鼎祚亦時稱引。考漢初無此書，有孫坦者，爲周易析蘊，言此漢杜子夏也，未知何據？使其果然，何爲不見於漢志，其爲依托明矣。隋唐時止二卷，已殘缺，今安得有十卷。」

三、補充相關資料。如卷三春秋類春秋皇綱論條：「王哲撰。館閣書目有通義十卷，未見。」

四、備做參考。卷一易類易解義條：「題凌公弼撰，未詳何人。館閣書目有集解六卷，稱朝奉大夫凌唐佐撰，亦不著本末，豈卽其人耶？」隨齋批注證實振孫所推測是對的，並加補充：「徽猷閣待制新安凌唐佐字公弼，建炎初知應天府。」卷三春秋類春秋二十國表條：「按館閣書目有年表二卷，元豐中楊彥齡撰。自周之外凡十三國，仍總計蠻夷戎狄之事。又按董氏藏書志：年表無撰人，自周至吳越凡十國，又有附庸諸國別爲表，凡征伐朝覲會同皆書。今此表止記卽後及卒，皆非二家書也。」

五、考訂異同。如卷一易類周易正義條：「序云十四卷，館閣書目亦云，今本止十三卷。」四庫本按云：舊唐志作十六卷，新唐志十四卷。補其未備。

六、補充舊志未備。如卷一易類周易析蘊條：「孫坦撰。坦不知何人，國史志及中興書目皆不著。」

卷十九詩集類上，于武陵集、周濆集、陳光集、劉威集條：「以上皆唐人，于武陵大中進士，餘莫詳出處，濆集藝文志不載。」

這種情形當是想從志書中找撰者出處，找不出來，加以說明。無形中便具有補志的功效了。由此也可以知道陳氏對每一書，至少是很多書，都參考了各種書目，祇是所查的結果和收藏的書相同，或是小有出入而無關大旨，略而不記罷了。

七、訂正各家書目的錯誤。如卷一易類傳家易說條：「冲晦處士郭雍頤正撰。……案頤正本朝廷所賜先生號，而館閣書目以爲字頤正，恐誤。」

卷十一小說類紀聞譚條：「蜀潘遠撰。館閣書目按李淑作潘遺，今考邯鄲書目亦作潘遠，其曰遺者，本誤也。」

振孫不但勤於徵引書目，在態度上眞可說細入毫芒。不但充實了解題的內容，增加了書目的功效，補正了所徵引書目的缺失。最重要的是指示了一種撰寫解題書目好方法，讀書爲學的謹嚴態度。

除了利用書目充實解題內容之外，並且參考各家書目，在分類上做比較取捨訂正。如：

一、前志未合，姑且仍從前志。如卷三嘉祐謚法條：謚法與解經無預，而前志皆以入此類。今姑從之，其實合在禮註。按：書凡四部，後世書目入禮注或政書。

二、前志分類不同，擇善而從。如卷十法家類管子條：案漢志管子八十六篇列於道家。隋唐志著之法家之首。今篇數與漢志合而卷視隋唐爲多。管子似非法家，而世皆稱管商，豈以其操術用心之同故耶，然以爲道則不類，今從隋唐志。按：解題從隋唐志入法家，後世以管子亦入法家。

三、前志分類不妥，另入他類。如卷四別史類唐餘錄史條：此書有紀有志有傳，又博採諸家小說，倣裴松之三國志注，附其下方，蓋五代別史也。新舊史皆不及此，館閣書目以入雜傳類，非是。按：通考亦入傳記。書係私修，非出官定。然有紀有志有傳，則不宜入雜傳。近世亦有但論體裁，併正史別史爲紀傳者。

四、正前志分類失誤。如卷十五總集類篋中集條：唐元結錄沈千運等七人詩二十四首，書篋中所有次之。館閣書目以爲結自作，入別集類，何其不審也。

五、記前人書目分類情形。卷八目錄類鄭氏書目條：鄭寅以所藏書爲七錄：曰經、曰史、曰子、曰藝、曰方技、曰文、曰類。按：鄭氏書目久佚，從本條還可知其所分七類，依違四部，而頗受鄭略影響。

陸　對陳錄的利用

馬考在陳錄成書後幾十年，便多加徵引，然不但加以刪節，而且也有晁志等文字竄入。又有幾十條解題未經錄入。在著錄上，書名、卷數、著者，多從晁志或崇文總目，還有重複著錄的，如至道雲南錄等都在僞史覇史類、地理類兩見。在分類上也多從晁志。

經義考除引用陳錄經部各條，作爲闡明經義的資料之外。有時還利用史子集三部的解題，去考訂作者的生平。上文記陳錄板本的校本項，曾擧有兩例。

四庫總目引用陳錄比晁志等要多，因爲陳錄多收南宋著述，還有引用陳錄而未注明出處的。有時並能正其缺失，參見上文各家批評陳錄項。

書林清話不知引用晁志、陳錄，陳錄中多有可資補正的，如：

卷三語孟類語孟集義條：初名精義，後刻於豫章郡學，始名集義。又卷七目錄類釋書品次錄條：末有黎陽張氏跋，稱大定丁未，蓋北方板本也。按：清話卷三郡府學本，卷四金時平水刻書之盛，均未載。

清話卷七明毛晉刻六十家詞以後繼刻者條云：「彙刻詞集，自毛晉汲古閣刻六十家詞始。」按：解題卷二十一歌詞類笑笑詞條：「自南唐二主詞而下，皆長沙書坊所刻，號百家詞。」比毛氏要早三四百年。

僞書通考於書錄解題辨僞之說，頗加徵引，而不無遺漏。如：

解題卷三春秋公羊傳疏條：不著撰人名氏，唐志亦不載。廣川藏書志云：世傳徐彥撰，不知何據。然亦不能知其定出何代，意其在貞元、長慶後也。

又卷二十詩集類英華集條：李季蕚死後爲鬼仙，事見夷堅志。縉雲人傳其集，亦怪矣。

又僞書通考有首引陳氏說的有梁四公記、關尹子、淸異錄、周髀算經、二南密旨等。又有僅引陳氏說的有太一命決、狐首經、續葬書、地理小□、杜工部詩集、陽春錄、詩格等。從而可知陳錄的精審。

柒　對陳錄的批評

利用陳錄的人多，從而批評也多，略擧幾家於下：

陳錄甫成，隨齋程棨加以批注，拾遺正誤，已見上文。周密齊東野語卷八稱陳錄「極其精詳。」馬端臨按語中，屢論各家書目分類的得失，自然包括陳錄。四庫總目的批評，已見上文四庫輯本項，而輯本中也間有批評陳錄的得失。至於提要對於宋以前各書，也時引陳錄，並間有補正。然提要也會誤用陳錄，而爲余嘉錫等駁正。

張宗泰於書錄解題魯巖所學集凡有跋文五篇，略云：

書錄解題敍諸書源流，州分部居，議論明切，爲藏書家著錄之準，然當審正之處，正復不少。如是能讀三墳五典八索九丘，見昭十二年左傳，本楚靈王語，而以爲右尹子革之言。

書錄解題，有歧出未能畫一者，雪山集下云：富川王質景文撰，嘗著詩解三十卷，未之見也。按直齋編王氏詩總聞於詩類，而不知其卽王氏之詩解，轉云未見。但詩總聞二十卷，而詩類作三卷，不知何以懸殊至此。而此作三十卷，疑亦二十之誤也。

又論竹屋詞云：高觀國賓五撰，亦不詳何人。高郵陳造並與史二家序之。按朱彝尊詞綜云：高觀國山陰人。又並與史三字亦未明白，當云高郵陳造與史邦卿二家序之也。

姚振宗撰隋書經籍志考證，引證陳錄，遇有錯誤，隨時訂正。如：陳錄云隋唐志始號晏子春秋。姚云太史公已稱晏子春秋。陳錄云唐志及中興書目並無孫子。姚云兩唐志在道家。陳錄云陳孔彰集，魏丞相軍謀椽陳琳孔彰撰。姚云當作漢丞相。陳錄云鮑參軍撰者鮑照非上黨人，姚云未見虞炎之序。

余嘉錫撰四庫提要辨證，其中引陳錄幾十次，頗能正其闕失。如卷五丁卯實編條引提要云：宋毛方平撰。陳振孫書錄解題作李珙撰。今檢永樂大典標題及序中署名，均作方平，則振孫所載誤矣。余氏案云：直齋書錄卷七傳記類，有丁卯實編一卷，解題云：「成忠郎李珙撰。誅曦之功，楊巨源爲多，安丙忌而殺之，珙爲作傳，上之於朝，以昭其功而伸其寃。」據朝野雜記，則李所作乃楊巨源傳，非此書也。據宋史楊巨源傳，知李之獻書，乃仿唐李翰撰張巡傳之故事，其書自當是楊巨源傳。若泛然名之爲丁卯實編，則非爲巨源訟寃之意矣。至於毛方平此書，雖係隨筆之雜記，而其文亦必具敍巨源生平，頗與列傳相似。陳振孫所得之本，蓋未署姓名，又亡其自序。振孫第習聞李嘗爲巨源作傳鳴寃。以爲卽是此書，故遂以致誤耳。今按：余氏不僅訂解題之誤，且兼能說明其致誤原因。

又卷三魏書條引提要云；陳振孫書錄解題引中興書目，謂收書闕太宗紀，以魏澹書補之，志闕天象二卷，以張太素書補之。又謂澹、太素之書既亡，惟此紀志獨存，不知何據。是振孫亦疑未能定也。余氏案云：據宋本、明南監本太宗紀及天象志後校語，中興書目謂收書闕太宗云云，係據劉恕等校語，而恕等則又據史館舊本所題，加以考證。觀其立說，甚爲精密，非漫然無所據也。振孫乃疑不能定。豈未見此校語耶，抑見之而忽不加察耶？要之，振孫之史學，必不如劉恕等，其言可置之不論。今按：余氏所論雖稍苛，要能切中書錄解題之缺失。

陳振孫從向人借讀史記漢書，到撰成五萬多卷的書錄解題，不僅爲當時藏書家所不及，也嘉惠後世良多。

綜觀五家藏目，李淑世代收藏，和子德芻各有藏書志，惜都亡佚，僅能從各家徵引中輯得四十多條，還能畧窺書志的美富。晁公武得井度贈書，合辛勤搜訪，所撰讀書志在宋代便多次刋行，有袁本和衢本傳世。趙希弁既助袁本的編刋，又取家藏爲晁志所無或不同的撰爲附志，附晁志而得流傳。尤袤收藏雖富，書目則太簡畧，幸陶宗儀編入說郛，而於正史畧記板本，葉德輝許爲創例。陳振孫以一生之力，多方搜求，富甲一時，所撰書錄解題，賴永樂大典及舊鈔本得不致亡佚。所載多宋人著述，官錄和史志對寧宗以後多缺，恰可賴以補充。

〔附　注〕

注一　見劉克莊後村大全集卷七十五，故通奉大夫寳章閣待制致仕陳振孫贈光祿大夫制。

注二　見陳錄卷五詔令類東漢詔令條。

注三　見玉臺新詠後序。

注四　節自陳振孫學記第一章第二節仕履。

注五　同注四。

注六　節自陳振孫學記第二章第二節校讎。

注七　見陳樂素撰直齋書錄解題作者陳振孫，載大公報文史周刊第六期，民國三十五年十一月二十日。

注八　見吳興藏書錄引鄭元慶湖錄。

注九　見抱經堂文集卷九書錄解題跋新跋及群書拾補文獻通考部分識語。

注一〇　見十駕齋養新錄卷十四崇文總目條。

注一一　目錄學發微六、板本序跋，偶遺小學類。

結論

關於宋代書目前人已做過的工作，約可分爲下列幾項：一、校刋有傳本的書目，如王先謙合校袁衢本晁志。二、輯亡佚的書目，如錢東垣等輯崇文總目，趙士煒輯中興館閣書目。三、考證，如錢大昕、劉兆祐考證宋志。四、編索引，如聶崇歧。五、專就一種書目或綜合多種書目做研究，如鄭奮鵬、梁啓超等。

宋代書目在書目史上最爲重要，前人雖已做好前導工作，有待今後繼續努力的地方仍多，今先略述宋代書目的成就與影響，再就二十多年來致力研討宋代書目，認爲待做的工作，略述於下：

宋代不僅留下了大量的書目，而且無論在書目體例，分類方法和目錄學理論等方面，都是成就輝煌，對後世影響很大。

講目錄學都從漢代開始。其實漢、隋、唐四種史志，皆沒有解題。解題書目如漢劉向別錄等，當早已亡佚。所以，宋人解題書目，如崇文總目等，固然不免因襲，也可說等於草創。其對現代目錄學的影響，遠比五代以前書目爲鉅。因中國人好古，所以皆說是直追向、歆。姚名達中國目錄學史根據清人輯本，歸納七略別錄撰寫敍錄的義例爲八條：1.著錄書名與篇目。2.敍述讎校之原委。3.介紹著者之生平與思想。4.說明書名之含義著書之原委及書之性質。5.辨別書之眞僞。6.評論思想或史事之是非。7.敍述學術源流。8.判定書之價値。姚氏之前學者對七略別錄未必能如此認識和分析。那麼崇文總目、晁志、陳錄等宋人解題書目，比七略等對後代的影響，實在要大得多。

後世編解題書目撰寫敍錄或提要的義例，有溢出向、歆等義例之外，如版本一項。劉向等在校書時，雖也廣羅異本，敍錄中對各本異同，所述却極爲簡略。宋代書目如郡齋讀書志對版本已偶有記載。尤袤遂初堂書目被公認爲記版本的第一部書目，不過僅記刻書地名。直齋書錄解題記載便很詳明，如記錄刻書的時、地、人等項。一書有幾種不同版本，往往記其異同，共計有二百多條版刻資料，其中還包括方志、詩文集等彙刻書。郡齋讀書志附志對晁公武已錄各書不加著錄，所著錄必屬版本不同，並加以說明。明清以還各家書目之注重版本，是從宋代開始的。

清朱彝尊經義考屢引崇文總目、晁志、陳錄、玉海和宋人序跋。講到宋代以及宋以前的經學著述，多引宋人資料。四庫全書總目所引更多，足證宋代書目資料的重要性。

圖書分類，六朝以降，四部成爲主流。南宋初鄭樵藝文略打破四部舊制，分十二類，百家，四百三十一種，門類很細。如就藝文略說，分類過細，因而或有一門類之內僅收入三、兩部書的；以致查檢不易。經部每分章句、傳、注、音義等家。這數家之間僅是當初撰人用字不同，體例並無差異。一一分別，實傷瑣細。明代以至清代中葉，書目分類也很細，分類系統，類目名稱往往受鄭樵的影響。四庫全書出於欽定，所以乾嘉以降的書目，多依照四庫全書總目的分類。而孫星衍孫氏祠堂書目、繆荃孫藝風堂藏書記等仍受鄭樵分類影響。張之洞書目答問雖仍分四部（另加叢書部），而類目分析又遠受鄭樵，近受孫星衍等影響。如今圖籍日漸繁多，細分門類便有其必要。江蘇省立國學圖書館的分類，如傳記類，地理類，雜家類因藏書特多，爲了便於查閱，類目又比藝文略還多。近年國立中央圖書館善本書目，叢書綜錄子目類編，日本京都大學東方文化研究所漢籍圖書分類目錄等，因收書既富，門類也不得不多，當有參考鄭樵這一系的書目之處。今後對中文古籍，如要詳分類目，鄭樵的分類體系和類目名稱，都可供參考。

鄭樵在目錄學上的成就，不僅在分類，他的藝文略只抄錄前代史志，所收各書已多散佚不得見，在分類上不免有舛誤。藝文略所據，除史志外，也偶有新增的書，朱彝尊曾注意及此，經義考所注各家書目著錄間引通志，雖很少見，要也可取資考證。鄭樵金石略仿藝文略，彙抄前代金石目錄，沒有什麼史料價值，分類也不如藝文略對後代影響大。圖譜獨成一類，前半屬分類理論，有些發前人所未發的見解。鄭樵所記圖譜也襲自前代，分類方法與前半所述理論竟不一致。金石略、圖譜略，可說是早期的非書資料目錄。校讎略是第一部有系統的講目錄學理論的著作。對圖書的徵訪、保管、整理、編目、分類等方面，都提出了周密而獨到的見解。明焦竑國史經籍志後附有評論漢至宋的各家書目，兼及鄭樵，實是取法鄭樵。清章學誠有校讎通義。清末至今，以校讎學、目錄學爲名的著述，共二、三十家，這些校讎學或目錄學，都受鄭樵的影響，或援引鄭樵的說法，或討論、訂正他的說法。總而言之，鄭樵影響後世的目錄學至深。他的著述既富，自不能沒有失誤，但是他的成就還是光芒萬丈，照耀千古的。

宋代的書目多已有新印本，不難找到，可是分散而有待集中，尤其是裁篇別出的幾種，還有收入期刊的，找起來總是不太方便，如果能把這些資料彙印在一起，最好重新校訂排印成一叢編，至少也照相影印而能統一版式。並能編一綜合索引。

說到編索引，李莉茜曾就宋代十多種書目所著錄的書，一一鈔成卡片，並按書名排，因工作艱鉅而一人能力有限，筆者很希望能由衆人或其他文教機構以至出版事業，支持完成這項工作，並予以印行。然後再利用原卡片編一著者索引。著者索引比書名索引更爲有用。

宋人文集，昌瑞卿先生的宋人傳記資料索引所收凡三百四十二種。宋人的序跋以及其他有關圖書目錄的文字，收入文集中的，數量很是可觀。宋人留下的筆記也不少，北宋所撰，完整的四十部。經删節收入說郛的，也有四十部，這是從嚴計算的。若從寬計算，則可得百部以上。南宋所存的筆記約有北宋兩倍，兩宋共計約有三百部。其中有關圖書目錄的資料也不少。葉德輝書林淸話講到宋代圖書便多取材於宋人筆記。如畢昇發明活字印刷術，就是根據沈括夢溪筆談所記的。元人去宋未遠，文集和說部中有關宋代目錄學方面的記述不在少，價値也很高。至於明末以降，藏書家珍視宋本，所編藏書目錄，或其他著述涉及宋代圖書目錄的有愈來愈多的情勢，考證也愈精，只是第一手的資料不多了。

現存宋版書數量沒有精確的統計，中央圖書館收藏了近三百部。故宮博物院、中央研究院等單位合計在百部以上，加上其他地區公私收藏，已失傳而經覆刻影印的也不妨算在內，也許有千部光景。其中重複的自不在少，姑且折半計算。這些書的序跋、識語、牌記、板式、行款，以至刻工姓名等材料，可直接用以討論宋代的目錄板本之學。

資料彙集後，宜加整理，以便查閱。

宋代去今已遠，一部書目每有若干不同板本，應詳加校勘，進而加以箋注考證。可略仿陳景雲注絳雲樓書目，王先謙校郡齋讀書志和所撰漢書藝文志補注。如能採管庭芬、章鈺讀書敏求記校證，姚振宗隋書經籍志考證體例，就更爲澈底而有用。

宋代刋本的書志，近三百年已寫了不少，應加以彙合整理，採用中央圖書館館刋在臺復刋後那幾卷的寫法，就是以一種書爲單元，把該書不同編次、注釋、板本儘可能搜集齊全，比較其間異同，考出彼此間關係，做一番全面而有系統的介紹。

宋代對圖書分類，有因襲也有創見，單就宋代本身，如崇文總目，晁志，尤目，陳錄，馬考，宋志等分類情形，比較其異同。做這一工作要做得澈底些，可仿王國良的雜史類分類比較的方法（註），然後再和前後時代書目分類情形做一比較。

一門學術不是孤立的，而是和其他門類互有影響。筆者覺得我們對宋代的目錄學所做的工作很不夠，和其他門類相比，實在是很落後。就以目錄學而論，和漢魏六朝以及淸代相比，宋代又覺落後，這種輕重不平衡的現象，對研究其他學術，應有影響，亟待我們去平衡。而這不是一兩個人所能做得好的，要策動羣體的力量去做。如能參考本文第六節所述逐步完成，再考宋代書目，那麼便會覺得本書不僅是空洞膚淺，簡直是文不對題，因爲只是說點宋代書目資料而已。

宋代書目蘊藏資料既豐富且重要。已經利用部分還很有限，宜在前人成就上繼續努力。如：一、仿經義考成例編史籍考、諸子考、文籍考等，充分利用宋代書目。二、解題書目中不僅介紹各該書的撰人，也會提到相關人士，而所記生卒、登第、著書、作序、刋書年代，可補史乘未及或互相考證。三、所記史事，尤其關於官修圖書、進呈論著等資料很多。四、解題書目中常介紹以至批評著者思想學術，比學案簡明，寫思想史的，很少利用到。解題中文學批評和文學史、文壇掌故，資料甚多，如郭紹虞等漸知利用，而有待利用的則更多。

總之，宋代書目仍是一待墾園地，一番耕耘，必有一番收穫，端在有志之士如何一顯身手。

註：見圖書與圖書館第三輯，文史哲出版社，民國六十六年四月。

主要參考書目

崇文總目十二卷　宋歐陽修等編　輯永樂大典本　影印四庫全書所收
又五卷補遺一卷附錄一卷　清錢東垣等輯釋　影印粤雅堂本　書目續編所收
郡齋讀書志二十卷　宋晁公武撰　影印清阮元進呈本　宛委別藏所收　此衢州本
又四卷後志二卷附志一卷　宋趙希弁撰附志　影印宋崇祐間袁州刋本　四部叢刋三編所收
又二十卷附志一卷校補一卷　清王先謙以袁本校衢本　影印清長沙王氏刋本
遂初堂書目一卷　宋尤袤撰　涵芬樓排印本　說郛卷二十八
史略六卷　宋高似孫撰　影印古逸叢書本
子略四卷　宋高似孫撰　影印四明叢書本
直齋書錄解題二十二卷　宋陳振孫撰　影印武英殿聚珍版叢書本
刋正九經三傳沿革例一卷　題宋岳珂撰　影印知不足齋叢書本　以上六種均收入書目續編　民國五十七年

中興館閣書目輯考五卷附續目一卷　趙士煒輯
宋國史藝文志輯本二卷　趙士煒輯　以上二種北平圖書館排印本　民國二十二年
籀史二卷　宋翟耆年撰　影印叢書集成本
宋史藝文志廣編　世界書局印行　民國六十四年　計收：宋史藝文志八卷　元脫脫等修。宋史藝文志補一卷　清黃虞稷撰　盧文弨訂正。四庫闕書目一卷　宋紹興間官修　清徐松輯。祕書省續編到四庫闕書目二卷　宋紹興間改定　清葉德輝考證。中興館閣書目輯考附續目　趙士煒輯　按：僅錄簡目，所輯原釋及考證均刪除。宋國史藝文志一卷　趙士煒輯　僅錄簡目。
國史經籍志五卷附錄一卷　明焦竑撰　明史廣編本
四庫全書總目二百卷　清紀昀等撰　藝文印書館影印本　附四庫提要辨證二十四卷　余嘉錫撰
增訂四庫簡明目錄標注二十卷附錄三卷　（清）邵懿辰撰　邵章續錄　世界書局
快閣師石山房叢書　姚振宗撰　民國十八年排印本
宋史藝文志史部佚籍考　劉兆祐撰　民國七十三年排印本
通志二十略　宋鄭樵撰　四部備要本
文獻通考經籍考七十六卷　元馬端臨撰　新文豐出版社　民國七十五年
玉海二百卷　宋王應麟撰　華文書局影印元刊本　民國五十二年
中國歷代書目總錄　梁子涵撰　中華文化出版事業委員會　民國四十六年

以上各家書目，或為所考書目，或引用參考較多。

宋史四百九十六卷　元脫脫等纂　清武英殿刊本
隆平集二十卷　宋曾鞏撰　清康熙四十年七業堂刊本
宋史翼四十卷　清陸心源撰　清光緒間歸安陸氏刊本
續資治通鑑長編五百二十卷拾補四十六卷　宋李燾撰　世界書局印本　六十三年
建炎以來繫年要錄二百卷　宋李心傳撰　四庫珍本別輯
輿地紀勝二百卷　宋王象之撰　粵雅堂叢書本
藏書紀事詩七卷　清葉昌熾撰　世界書局
古今典籍聚散考　陳登原撰　海外圖書出版社
宋代藏書家考　潘美月撰　學海出版社

以上史傳及藏書史之屬

中國目錄學資料選輯　昌彼得編　文史哲出版社　民國六十一年
校讎學系編　楊家駱編　鼎文書局　民國六十六年
圖書大辭典簿錄之部　梁啓超撰　中華書局　民國五十二年
曝書亭集八十卷　（清）朱彝尊撰　四部叢刊本
抱經堂文集三十四卷　（清）盧文弨撰　四部叢刊本

潛研堂文集五十卷續集十卷　（清）錢大昕撰　四部叢刊本
羣書拾補三十九卷　（清）盧文弨撰　叢書集成本
十駕齋養新錄二十卷餘錄三卷　（清）錢大昕　世界書局　民國五十二年
二十二史考異一百卷　（清）錢大昕撰　叢書集成

以上清人文集劄記之屬

涉園序跋集錄　張元濟撰　書目類編本
中國目錄學史　姚名達撰　商務印書館　民國六十年
目錄學發微　余嘉錫撰　華聯出版社　民國五十八年
目錄學研究　汪辟疆撰　文史哲出版社　民國七十二年
中國目錄學　昌彼得、潘美月合撰　文史哲出版社　民國七十五年
中國古代目錄學簡編　羅孟楨撰　木鐸出版社　民國七十五年

以上目錄學史

鄭樵的校讎目錄學　鄭奮鵬撰　學海出版社印行　民國六十五年
晁公武及其郡齋讀書志　劉兆祐撰　嘉新文化基金會印行　民國五十八年
玉海藝文部研究　陳仕華撰　東吳大學中文所碩士論文　民國七十三年
南宋館閣典籍考　李健祥撰　政治大學中文所碩士論文　民國六十四年

文獻通考經籍考研究　孔建國撰　政治大學中文所碩士論文　民國六十四年

以上宋代書目研究專著之屬

宋史藝文志序文證誤、四庫提要與宋史藝文志之關係　陳樂素撰　以上二文均載圖書季刊　新七卷三、四期　民國三十五年十二月

宋史藝文志匡謬舉隅　劉兆祐撰　東吳學報四、五期合刊　民國六十四年九月

中興國史藝文志　趙士煒輯　北平圖書館館刊六卷四期　民國二十一年七、八月

北宋館閣典校圖籍考　周駿富撰　臺灣大學文史哲學報二十二期

兩宋簿錄考略　梁子涵撰　圖書館學報第九期　民國五十七年五月

宋代家藏書目考佚　阮廷焯撰　國立編譯館館刊十二卷二期　民國七十二年十二月

宋代私家藏書考　潘銘燊撰　華國第六期　民國六十年七月

郡齋讀書志衢袁二本的比較研究——兼論郡齋讀書志的成書過程　孫猛　文史三十期　一九八三年九月

晁公武研究　王德毅撰　臺大文史哲學報三十一期　民國七十一年十二月

鄭樵的目錄學　古國順撰　中央圖書館館刊十一卷一期　民國六十七年六月

宋代目錄學家晁公武和「郡齋讀書志」　倪士毅撰　杭州大學學報（哲學社會科學）一九八〇年第三期

直齋書錄解題作者陳振孫　陳樂素撰　大公報文史周刊第六期　民國三十五年十一月二十日

文獻通考經籍考と直齋陳氏書錄解題——四庫全書總目批判序說　山內正博撰　史學雜誌一九七五年九月

以上宋代書目研究論文之屬

附：筆者自撰論述與宋代有關部分

陳振孫學記　文史哲出版社　民國七十年六月

書目續編所收：崇文總目、郡齋讀書志、遂初堂書目、史略、子略、直齋書錄解題、刋正九經三傳沿革例等七書，筆者均撰有敍錄。　廣文書局　民國五十七年。

國立政治大學學報

崇文總目考略　載第五十二期　七十四年十二月

通志藝文略考評　載第五十五期　七十六年五月

郡齋讀書志研究　載第四十九期　七十三年五月

陳振孫的學術思想　載第四十期　六十八年十二月

陳振孫傳略　載第四十一期　六十九年五月

直齋書錄解題板本考　載第四十二期　六十九年十二月

歷史藝文志的斷限　載第五十一期　七十四年五月

國立中央圖書館館刋

直齋書錄解題札記　載新四卷三期　五十九年九月

陳振孫對圖書分類的見解　載新五卷三、四期合刋　六十一年十二月
書錄解題之板刻資料　載新七卷一、二期連載　六十三年三月、九月
書錄解題的辨僞資料　載新十卷二期　六十六年十二月
書錄解題佚文——論輯佚與目錄學之關係　載新十二卷二期　六十九年二月
玉海藝文部述略　載新十六卷二期　民國七十二年十二月
通考經籍考述略　載新十七卷一期　民國七十三年六月
圖書與圖書館　文史哲出版社編印
宋代目錄學概述　載第三輯　民國六十六年四月
中國圖書館學會會報
郡齋讀書志中的版本資料　載三十五期　民國七十二年十二月